(唐)釋道宣 撰

宋思溪藏本廣弘明集

第七册

國家圖書館出版社

第七册目録

卷十八

法義篇序……………………………………三
法義篇第四之一
釋疑論　戴安……………………………一一
與遠法師書并答　戴安…………………一五
難釋疑論　周道祖………………………一六
重與遠法師書并答　戴安………………一九
釋疑論答周居士難　戴安………………二〇
報應問　何承天…………………………二七
答何承天　劉少府………………………二九
辯宗論諸道人王衛軍問答
謝靈運……………………………………三二
與安成侯嵩書　姚興……………………五五

卷十九

析疑論　釋慧淨…………………………七〇
法義篇第四之二
内典序　沈約……………………………八六
南齊皇太子解講疏　沈約………………九一
齊竟陵王發講疏并頌　沈約……………九二
齊竟陵王解講疏一首　沈約……………九四
與荆州隱士劉虬書三首
蕭子良……………………………………九六
請梁祖講金字波若啓并答往返
六首梁皇太子綱…………………………一〇四
御講波若經序　陸雲……………………一一三
叙御講波若義　蕭子顯…………………一二一

謝御講波若竟啓　梁皇太子……一四四

卷二十

法義篇第四之三

上大法頌并答表
梁皇太子綱……一五五
上皇太子玄圃講頌啓
梁晋安王綱……一七〇
爲亮法師製涅槃經疏序
梁武帝……一七四
梁簡文帝法寶聯璧序
梁湘東王繹……一七六
莊嚴旻法師成實論義疏序
梁皇太子綱……一八五
内典碑銘集序　梁元帝……一八九
禪林妙記前集序　釋玄則……一九二
禪林妙記後集序　釋玄則……一九七
法苑珠林序　李儼……二〇一

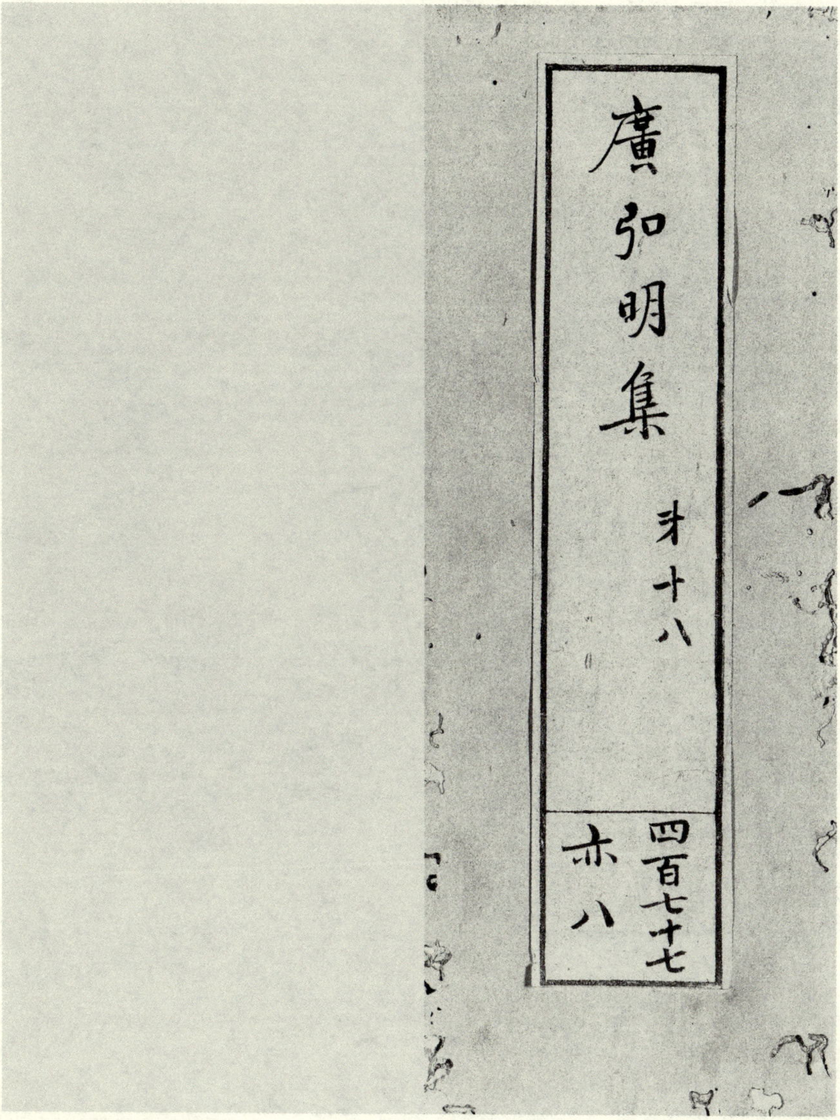
廣弘明集　才十八
四百七十七
赤八

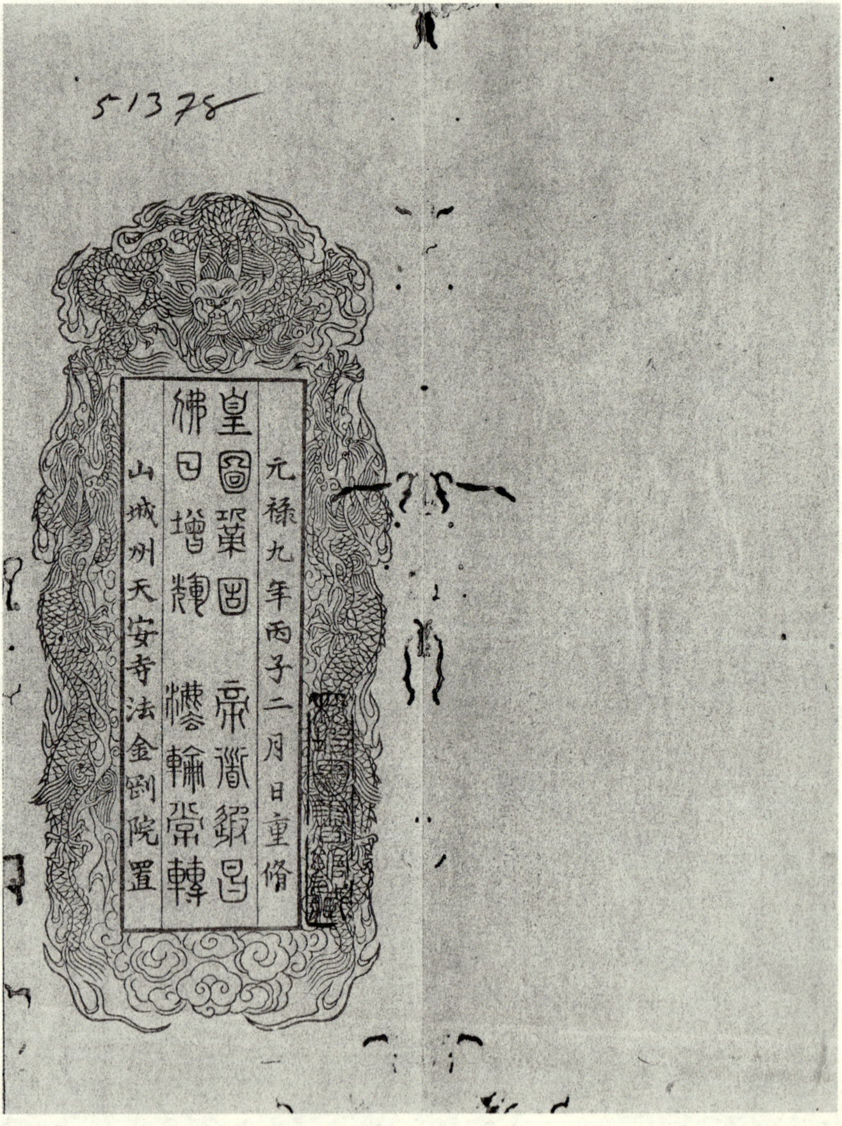
51378
元祿九年丙子二月日重脩
皇圖鞏固　帝道遐昌
佛日增輝　法輪常轉
山城州天安寺法金剛院置

廣弘明集卷第十八　亦

大唐西明寺釋　道宣　撰

法義篇第四

唐終南山釋氏序

夫法者何耶所謂憑准修行清神洗惑而爲趣也義者何耶所謂深有所以千聖不改其儀萬邪莫迴其致者也俗法五常仁義禮智信也百王不易其典衆賢贊翼而不墜者也道法兩諦謂真俗也諸佛之所由生羣有因之而超悟者也然則俗保五常淪惑綿亘道資兩諦勝智增明故真俗爲出道之階基正法爲入空之軌躅者也故論去非俗無以通

眞非眞無以遣俗又云諸佛說法常依二諦
斯則大略之成教也至於大小半滿之流三
篋八藏之典明心塵之顯晦曉業報之殊途
通慧解以鏡蒙心了世相以光神照也若斯
以叙謂之法義也至於如說修行思擇靈府
者則四依法正創究識於倒情八直明道策
淨心於妄境三學開其玄府一貫統其眞源
漸染基搆自當得其涯也但以幽關難啓匠
石易迷匪藉言方莫由升附所以自古道俗
同而問津疏瀹精靈陶練心術或著論而導
其解或談述而寫其懷因言而顯聖心寄迹
而揚玄理者也昔梁已叙其致今唐更廣其

塵各有其志明代代斯言之不絶也

梁代弘明集法義篇捴録

晋孫綽喻道論

羅君章更生論

鄭道子神不滅論

釋慧遠報應論

釋慧遠三報論

釋僧順折三破論

梁高祖神明成佛論

蕭琛難神滅論

曹思文難神滅論

梁高祖荅臣神不滅勑

釋法雲與朝貴書

習鑿齒與釋公書

唐廣弘明集法義篇揔録

序歷代賢明釋諸疑惑義

晉戴安公釋疑論

晉戴安與遠法師書 并荅

周道祖難釋疑論

戴重與遠法師書

戴荅周居士難論 并荅

遠法師與戴書 并荅

何承天報應問 劉少府荅

宋謝靈運與諸道人辨宗論 并書

後秦主姚興與安成侯書述佛義通三世等論并羅什法師答
姚嵩表問諸義并興答等
唐沙門釋慧淨析疑論并釋法琳述
齊竟陵王與隱士劉虬書二首
齊沈約内典序
齊沈約爲皇太子解講疏
齊沈約爲竟陵王發講疏并序
齊沈約爲竟陵王解講疏二首
梁太子綱請帝講并荅往反六首
梁陸雲述御講金字波若序
梁蕭子顯叙講波若義

皇太子謝講竟啓 并荅
梁太子綱上大法頌 并表荅
晉安王上太子玄圃講頌 并啓荅
梁武帝涅槃經䟽序
梁湘東王法寶聯璧序
梁簡文成實論序
梁元帝内典碑銘集林序
唐沙門釋玄則禪林妙記集序 二首
唐司元大夫李儼法苑珠林序
梁昭明太子荅請講書 并啓荅 三首
昭明謝勑賚水犀如意啓
昭明立二諦義 并道俗二十二人難及解

昭明立法身義 并僧六人往反問荅
昭明謝勅看講解二啓
昭明謝勅賚涅槃經疏講啓
昭明謝勅賚大集經講疏啓
梁晉安王與廣信侯書 并荅
齊沈約立佛法義論五首
齊沈約難范縝神滅論
陳沙門眞觀因緣無性論 并朱世卿自然論
魏收北齊三部一切經願文
王褒周藏經願文
隋煬帝寶臺經藏願文
唐太宗三藏聖教序 并表請謝荅自然論

今上述三藏聖教序 并謝荅
唐褚亮述注般若經序
唐柳宣與翻經大德書 并荅

廣弘明集法義篇第四之初

釋疑論 晉處士戴安公
與遠法師書 戴安
難釋疑論 周居士道祖 并荅
重與遠法師書 戴安 并荅
報應問 何承天 劉少府荅
辨宗論 并問荅往反 宋侍中謝靈運
述佛法諸深義 秦主姚興 并荅
析疑論 唐沙門慧淨 并述

釋疑論　晉戴安

安處子問於玄明先生曰蓋聞積善之家必有餘慶積不善之家必有餘殃又曰天道無親常與善人斯乃聖達之格言萬代之宏標也此則行成於己身福流於後世惡顯於事業獲罪乎幽冥然聖人爲善理無不盡理盡善積宜歷代皆不移行無一善惡惡相承亦當百世俱闇是善有常門惡有定族後世修行復何益哉又有束脩履道言行無傷而天罰人楚百羅備嬰任性恣情肆行暴虐生保榮貴子孫繁熾推此而論積善之報竟何在乎夫五情六欲人心所常有斧藻防閑外事

之至當苟人鬼無尤於趣舍何不順其所甘而強其當哉請釋所疑以袪其惑先生曰善哉子之問也史遷有言天之報施善人何如哉荀悅亦云飾變詐而爲姦詭者自足乎一世之間守道順理者不免飢寒之患二生疑之於前而未能辨吾子惑之於後不亦宜乎請試言之夫人資二儀之性以生稟五常之氣以育性有脩短之期故有彭殤之殊氣有精麤之異亦有賢愚之别此自然之定理不可移者也是以堯舜大聖朱均是育瞽叟下愚誕生有舜顏回大賢早夭絕嗣商臣極惡令胤魁昌惠叔至仁餓死窮山盜跖肆虐富

樂自終比干忠正斃不旋踵張湯酷吏七世
干貂凡此比比類不可稱數驗之聖賢既如彼
求之常人又如此故知賢愚善惡脩短窮達
各有分命非積行之所致也夫以天地之玄
遠陰陽之廣大人在其中豈唯稊米之在太
倉毫末之於馬體哉而疋夫之細行人事之
近習一善一惡皆致冥應欲移自然之彭殤
易聖於朱舜此之不然居可識矣然則積善
積惡之談蓋施於勸教耳何以言之夫人生
而靜天之性也感物而動性之欲也性欲既
開流宕莫檢聖人之救其弊因神道以設教
故理妙而化敷順推遷如抑引故功玄而事

適是以六合之内論而不議鑽之而不知所
田日用而不見所極設禮學以開其大矇名
法以束其形跡賢者倚之以成其志不肖企
及以免其過使孝友之恩深君臣之義篤長
幼之禮序朋執之好著背之則爲失道之人
譏議以之起向之則爲名教之士聲譽以之
彰此則君子行已處心豈可須臾而忘善哉
何必循教責實以期應報乎苟能體聖教之
幽旨審分命之所鍾廣可豁滯於心府不祈
驗於冥中矣安處子乃避席曰夫理蘊千載
念纏一生今聞吾子大通之論足以釋滯疑
祛幽結矣僕雖不敏請佩斯言

與遠法師書

安公和南弟子常覽經典皆以禍福之來由於積行是以自少束脩至于白首行不負於所知言不傷於物類而一生艱楚荼毒備經顧景塊然不盡唯已夫冥理難推近情易纏每中宵幽念悲慨盈懷始知脩短窮達自有定分積善積惡之談蓋是勸教之言耳近作此釋疑論今以相呈想消息之餘脫能尋省

戴安公和南

遠法師荅

釋慧遠頓首省君別示以為慨然先雖未善想患人物來往亦未始暫忘分命窮達非常

智所測然依傍大宗似有定撿去秋與諸人共讀君論並亦有同異觀周郎作荅意謂世典與佛敎粗是其中今封相呈想暇日能力尋省

難釋疑論　周道祖

近見君釋疑論蓋即情之作料撿理要殆乎有中但審分命之守似未照其本耳福善莫驗亦僕所常惑雖周覽六籍逾深其滯及覩經敎始照然有歸故請以先覺語當今之學者也君子爲審分命所鍾可無祈驗於冥中餘慶之言存於勸敎請審分命之旨爲當宅情於理任而弗營耶爲忘懷闇昧直置而已

耶若宅情於理則理未可喻善惡紛乎逆順
莫檢苟非冥廢豈得弗營若直置而已則自
非坐忘事至必感感因於事則情亦外降履
信獲祐何能不慶爲惡弗罰焉得無怨雖欲
忘懷其可得乎靖求諸己其効明矣又勸敎
之設必傍實而動直爲訓之方不可一塗而
盡故或若反而後會或曉昧於爲言是以塗
車蒭靈堂室異詔或顯其遠或微其近令循
敎之徒不苟求於分表歆和之士自足於仁
義故深淺並訓而民聽不濫而神明之賾藴
於妙物豈得顯稱積善正位履霜而事與教
反理與言違夷齊自得於安忍顔冉長悲於

獲和恐有爲之言或異於此若謂商臣之徒
教所不及汲引之端蓋中智已還而安于懷
仁不没其身感會以僭有後曾國則分命所
鍾於何而審玄明之唱更爲疑府矣是以古
之君子知通圯之來其過非新賢愚壽夭兆
明自昔楚穆以福濃獲没蔡靈以善薄受禍
郄苑以疊深莫救宋桓以愆微易唱故洗心
以懷宗練形以聞道拔無明之沉根翳貪愛
之滯網不祈驗於冥中影響自徵不期存於
應報而慶罰已彰故能反步極水鏡万有但
微明之道理隔常域堯孔拯其麁宜有未盡
史遷造其門而未践乎室惜其在無聞之世

故永悲以窮年君既涉其律亦應不遠而得此乃幽明之所寄豈唯言論而已乖敘多年聊以代勤來論又以爲天地曠遠人事細近一善一惡無關冥應然則天網恢恢踈而遂失耶莫見乎隱莫顯乎微但盈換藏於日用交賒昧乎理緣故或乖於視聽耳山崩鍾應不以路遠喪感火澤革性不以同象成親詳撿數端可以少悟矣

重與遠法師書

安公和南闇作釋疑論以寄其懷故呈之近者思聞啓誨既辱還告開示宗轍并送周郎難甚有趣致但理本不同所見亦殊今重伸

鄙意答周復以相呈旨誠可求而辭不自暢想脱覽省戴公和南

釋疑論答周居士難　戴安公

間以暇日因事致感脱作釋疑以呈法師既辱還告并送來難辭喻清贍致有旨歸但自覺雖先覯者莫悟所見既殊孰是能正苟懷未悟請共盡之僕所謂能審分命者自卓識拔常均妙鑒理宗校練名實比驗古今者耳不謂淪溺生死之域欣慼失得之徒也苟能悟彭殤之壽夭則知脩短之自然察堯舜於朱均以得愚聖之有分推淵商之善惡足明寘中之無罰等比干盜跖可識禍福之非行

既能體此難事然後分命可審不祈冥報耳若如來難宅情於理則理未可喻靖求諸己其明効矣此乃未喻由於求己非爲無理可喻也若舍己而外鑒必不遠而復矣難曰勸教之設必傍實而動直爲訓之方不可以一塗而盡僕豈謂聖人爲教反眞空設耶夫善惡生於天理是非由乎人心因天理以施教順人心以成務故幽懷體仁者挹玄風而載悦肆情出轍者顧名教而内擲功玄物表日用而忘其惠理蘊冥寂壽之不見其宗非違虚教以眩於世也是以前論云因神道以設教故理妙而化敷順推遷而抑引故功玄而

事適者也難曰安于懷仁不没其身感會以
僭有後曾國則分命所鍾於何而審玄明之
唱更爲疑府矣荅曰斯乃所以明善惡之有
定不由於積行也若夫仁者爲善之嘉行安
于懷之而受福僭者反理之邪事感會爲足
而獲後良由分應没身非履仁之所移命當
爲後非行僭之能罰豈異比干忠正而嬰剖
心之戮張湯酷吏而獲七世之祐哉苟斯理
之不殊則知分命之先定矣乃同玄明之有
分非爲成疑府也難曰古之君子知通圮之
來其過非新賢愚壽夭非明自昔楚穆以福
濃獲没蔡靈以善薄受禍郄苑以豐深莫救

宋桓以愆微易唱咎曰夫通圮非新壽夭自
昔信哉斯言是傑所謂各有分命者也若夫
福濃獲没疊深莫救此則報應之來有若影
響蔡靈以善薄受禍商臣宜以極逆羅殃宋
桓以愆微易唱邾文應用行善延年而罪同
罰異福等報殊何明鑒於蔡宋而獨昧於楚
邾乎君所謂不祈驗於冥中影響自微不期
在於應報而慶罰以彰於斯蹟矣

難曰然則天網恢恢疎而遂失耶莫見乎隱
莫顯乎微但盈換藏於日用交賒昧於理緣

荅曰夫天理冥昧變狀難明且當推已兆於
終古考應報之成跡耳至於善惡禍福或有

一見斯自遇與事會非冥司之眞驗也何以明之若其有司當如之治國長之一家善無微而不賞惡無纖而必罰使修行者保其素履極逆者受其酷禍然後積善之家被餘慶於後世積不善之家流殃咎乎來世耳而今則不然或惡深而莫誅或積善而禍臻或履仁義而亡身或行肆虐而降福豈非無司而自有分命乎若以盈換藏於日用交賒昧於理緣者但當報對遲晚不切目前耳非爲善惡舛錯是非莫驗推斯而言人之生也性分夙定善者自善非先有其生而後行善以致於善也惡者自惡非本分無惡長而行惡以

得於惡也故知窮達善惡愚智壽夭無非分命分命玄定於冥初行跡豈能易其自然哉天網不失隱見微顯故是勸教之言耳非玄明所謂本定之極致也既未悟妙推之有宗亦何分命之可審乎將恐向之先覺還爲後悟矣言而未日聊以儻叙

周居士書

見重申釋疑論辭理切驗善乎校實也但僕意猶有不固乃即欲更言所懷一日侍法師坐粗共求君意云氣力小佳當自有酬因君論旨兼有所見也僕是以不復稍厝其爝火須成旨因上

君云審分命者乃是體極之人既非所同又
僕所立不期存於應報而慶罰已彰亦不如
君所位也書不盡言於是信矣其中小小亦
多未諭付之未遇

遠法師書

見君與周居士往復足爲賓主然佛教精微
難以事詰至於理玄數表義隱於經者不可
勝言但恨君作佛弟子未能留心聖典耳頃
得書論亦未始覽忘年衰多疾不暇有荅脫
因講集之餘粗綴所懷今寄往試與同疑者
共尋若見其族則比干商臣之流可不思而
得釋慧遠頓首

荅遠法師書

安公和南辱告并見三報論旨喻弘遠妙暢理宗覽省反復欣悟兼懷弟子雖伏膺法訓誠信弥至而少遊人林遂不涉經學往以艱毒交纏聊寄之釋疑以自攄散此蓋情發於中而形於言耳推其俗見之懷誠爲未盡然三報曠遠難以辯究弟子尋當索歸必覲展冀親承音旨益祛其滯諸懷寄之周居士載

安公和南

報應問　何承天

西方說報應其枝末雖明而即本常昧其言奢而寡要其譬迂而無徵乖背五經故見棄

於先聖誘掖近情故得信於季俗夫欲知日月之行故假察於琁璣將申幽冥之信宜取符於見事故鑑燧懸而水火降雨宿離而風雲作斯皆遠由近驗幽以顯著者也夫鵝之爲禽浮清池咀春草衆生蠢動弗之犯也而庖人執焉尠有得免刀俎者鷰翩翔求食唯飛蟲是甘而人皆愛之雖巢幕而不懼非直鵝鷰也群生萬有往往如之是知殺生者無惡報爲福者無善應所以爲訓者如彼所以示世者如此余甚惑之若謂燕非蟲不甘故罪所不及民食芻豢奚獨嬰辜若謂禽豕無知而人識經教斯則未有經教之時畋漁網

咎亦無罪也無故以科法入中國乃所以爲民陷穽也彼仁人者豈其然哉故余謂佛經但是假設權教勸人爲善耳無關實叙是以聖人作制推德翳物我將我享寔膺天祐固獲三品實庖豫焉若乃見生不忍死聞聲不食肉固君子之所務也竊願高明更加三思

荅何承天　劉少府

敬覽高話辭切證明所謂彼上人者難爲酬對者也然如來窮理盡性因感成教故五善思啓戒品爲之設六蔽待祛般若爲之照薰以十善淨以無漏畢竟解脫至菩提而已矣斯末之所以明而本之不昧者耶孔以致孝爲

務則仁被四海釋以大慈爲首則化周五道導物之迹非乃冥耶但應有麁精終然自殊耳凡覽般若諸經不以無孔爲疑何獨誦丘之書而有見弃之言乎以龍鬼之陋尚感聖而至誘掖得信豈季俗而已哉足下據見在之教以詰三世之辨奢迂之惾固不待言若許因果不謬猶形之與影徵要之効如合符也若日月之行幽明之信水火之降風雲之作皆先因而後果不出感召之道故緣起鑑能致水緣滅燧不招火一切諸法從緣起滅耳若鵝之就艷味登俎鼎燕之獲免無取塩梅故鵝殺於人猶魚死於燕鵝魚見世受人燕

未來報報由三業業有遲疾若人入孝出悌揚于王庭君親無將將而必誅此見報之疾者乎視聽者也若忠爲令德剖心沉淵劫掠肆殺有幸而免此後報之遲跡而不失者也善惡之業業無不報但過去未來非耳目所得故信之者寡而非之者衆耳科法清淨滌塵開慧中國弗思謂爲陷穽非我無謀秦弗用也勸人爲善誠哉斯言然權者謂實非假設也故文王發伯邑考而立武王權也周適非王發有天命禮是跡制理固從實伯慶廢立實也各從其實德用交歸自非大智孰能預之經云善權方便亦復如是耳夫民生而

殺性之欲也歃血席毛在上皇之世矣聖人去殺非教殺也但民教未盡而化宜漸損雖將享三品尊薦厚膋然湯開其網孔約不網詩翼五豝禮弗身踐據兹而觀作者之心見矣今忍不食誠已慈之心若推不忍於視聽之表均不食於見聞之內其至矣哉其至矣哉祛藉來辭伸以管窺實相無言言成戲論既不自是想亦同非若高明之譬請俟諸君子

辨宗論 諸道人王衛軍問答 謝靈運

同遊諸道人並業心神道求解言外余枕疾務寡頗多暇日聊伸由來之意庶定求宗之悟

釋氏之論聖道雖遠積學能至累盡鑒生方

應漸悟孔氏之論聖道旣妙雖顔殆庶體無
鑒周理歸一極
有新論道士以爲寂鑒微妙不容階級積學
無限何爲自絶今去釋氏之漸悟而取其能
至去孔氏之殆庶而取其一極一極異漸悟
能至非殆庶故理之所去雖合各取然其離
孔釋矣余謂二談救物之言道家之唱得意
之説敢以折中自許竊謂新論爲然聊答下
意遲有所悟法勗問敬覽清論明宗極雖微
而一悟頓了雖欣新剖竊有所疑夫明達者
以體理絶欲悠悠者以迷惑嬰累絶欲本乎
見理嬰累由於乖宗何以言之經云新學者

離般若便如失明者無導是爲懷理蕩患於茲顯矣若涉求未漸於大宗希仰猶累於塵垢則永劫劬勞期果緬邈既懷猶豫伏遲嘉訓

初荅道與俗反理不相關故因權以通之權雖是假旨在非假智雖是眞能爲非眞非眞不傷眞本在於濟物非假不遂假濟物則反本如此永劫無爲空勤期果有如皎日

勗再問案論孔釋其道既同救物之假亦不容異而神道之域雖顏也孔子所不誨實相之妙雖愚也釋氏所必教然則二聖建言何乖背之甚哉

再荅二教不同者隨方應物所化地異也大

而校之監民易於見理難於受教故閉其累學而開其一極夷人易於受教難於見理故閉其頓了而開其漸悟漸悟雖可至昧頓了之實一極雖知寄絕累覺之冀良由華人悟理無漸而誣道無學夷人悟理有學而誣道有漸是故權實雖同其用各異昔向子期以儒道爲壹應吉甫謂孔老可齊皆欲窺宗而況眞實者乎

勗三問重尋荅以華夷有險易之性故二聖敷異同之教重方附俗可謂美矣然淵極朗鑒作則於上愚民蒙昧伏從於下故作則宜審其政伏從必是其宗今孔發聖學之路而

釋聞漸悟之逕筌蹄既已紛錯群黎何由歸眞

三答冬夏異性資春秋爲始末晝夜殊用緣辰暮以往復況至精之理豈可逕接至粗之人是故傍漸悟者所以密造頓解倚孔教者所以潛成學聖學聖不出六經六經而得頓解不見三藏而以三藏果筌蹄歷然何疑紛錯魚兎既獲群黎以濟

僧維問承新論法師以宗極微妙不容階級使夫學者窮有之極自然之無有若符契何須言無也若資無以盡有者焉得不謂之漸悟耶

初答夫累既未盡無不可得盡累之弊始可

得無耳累盡則無誠如符契將除其累要須傍教在有之時學而非悟悟在有表託學以至但階級教愚之談一悟得意之論矣維乘問論云悟在有表得不以漸使夫涉學希宗當日進其明不若使明不日進與不言同若日進其明者得非漸悟乎

乘答夫明非漸至信由教發何以言之由教而信則有日進之功非漸所明則無入照之分然向道善心起損累生垢伏伏似無同善似惡乖此所務不俱非心本無累至夫一悟萬滯同盡耳

維三問荅云由教而信則有日進之功非漸所

明則無入照之分夫尊教而推宗者雖不永用當推之時豈可不覺令無耶若許其覺合猶自賢於不合非漸如何

三答覺者假也眞者常也假知無常常知無假令豈可以假知之覺而侵常知之眞哉今覺合賢於不合誠如來言竊有微證誣臣諫莊王之言物賒於己故理爲情先及納夏姬之時已交於物故情居理上情理雲互物已相傾亦中智之率任也若以諫日爲悟豈容納時之惑耶且南爲聖也北爲愚也背北向南非停北之謂向南背北非至南之稱然向南可以向南背北非是停北非是停北故愚

可去矣可以至南故悟可得矣
慧驎演僧維問當假知之壹合與眞知同異
初答與眞知異
驎再問以何爲異
再答假知者累伏故理暫爲用用暫在理不
恒其知眞知者照寂故理常爲用用常在理
故永爲眞知
驎三問累不自除故求理以除累今假知之
一合理實在心在心而累不去將何以去之乎
三答累起因心心觸成累累恒觸者心日昏
教爲用者心日伏伏累弥久至於滅滅累然滅
之時在累伏之後也伏累滅累貌同實異不

可不察滅累之體物我同忘有無壹觀伏累
之狀他己異情空實殊見殊實空異己他者
入於滯矣壹無有同我物者出於照也
驎維問三世長於百年三千廣於赤縣四部
多於户口七寶妙於石沙此亦方有小大故
化有遠近得不謂之然乎

初答事理不同恒成四端自有小大各得其
宜亦有賢愚違方而處所謂世同時異物是
人非譬割鷄之政亦有牛刀佩璽而聽豈皆
唐虞今謂言游體盡於武城長世皆覃於天
下未之聞也且俱稱妙覺而國土精粗不可
以精粗國土而言聖有優劣景迹之應本非

所徵矣
維冉問論云或道廣而事狹或事是而人非
令不可以事之大小而格道之粗妙誠哉斯
言但所疑不在此耳設令周孔實未盡極以
之應世故自居宗此自是世去聖遠未足明
極夫降妙數階以接群粗則粗者所不測然
數階之妙非極妙之謂推此而言撫世者於
粗爲妙然於妙猶粗矣以妙求粗則無往不
盡以粗求妙則莫覩其源無往不盡故謂之
窮理莫覩其原故仰之弥高令豈可就顔氏
所崇而同之極妙耶
冉答令不藉顔所推而謂之爲極但謂顔爲

庶幾則孔知機矣且許禹昌言孔非本談以
堯則天體無是同同體至極豈計有之小大耶
維三問凡世人所不測而又昌言者皆可以
爲聖耶
三答夫昌言賢者尚許其賢昌言聖者豈得
反非聖耶日用不知百姓之迷蒙唯佛究盡實
相之崇高今欲以崇高之相而令迷蒙所知
未之有也苟所不知焉得不以昌言爲信旣
以釋昌爲是何以孔昌爲非耶
竺法綱問敬披高論探研宗極妙判權實存
旨儒道遺教孔釋昌言折中允然新論可謂
激流導源瑩拂發暉矣詳複答勗維之問或

謂因權以通或學而非悟尒爲玄句徒設無關於胷情焉竊所未安何以言之夫道形天隔幾二險絕學不漸宗曽無髣髴馳騁有端思不出位神崖曷由而登機峯所從而超哉若勤務於有而坐體於無者譬猶揮毫鍾張之則功侔羿養之能不然明矣蓋同有非甚礙尚不可以翫此而善彼豈況乎有無之至背而反得以相通者耶

又去累既未盡無不可得盡累之弊始可得無耳

問曰夫膏肓大道攉輸玄路莫尚於封有之累也蓋有不能祛有祛有者必無未有先盡

有累然後得無也就如所言累盡則無
介爲累之自去實不無待實不無待則不
能不無故無無無貴矣如彼重闇自晞無假火
日無假火日則不能不設亦明無尚焉落等
級而奇頓悟將於是乎躓矣暇任之餘幸思
嘉釋

釋慧琳問三復精議辨儘二家斟酌儒道實
有懷於論矣至於去釋漸悟遺孔殆庶蒙竊
惑焉釋云有漸故是自形者有漸孔之無漸
亦是自道者無漸何以知其然耶中人可以
語上人夕習可以移性孔氏之訓也一合於道
場非十地之所階釋家之唱也如此漸絕文

論二聖詳言豈獨夷束於教華拘於理將恐斥離之辨辭長於新論乎

勗道人難云絶欲由於體理當謂日損者以理自悟也論曰道與俗反夲不相關故因權以通之物濟則反夲

問曰權之所假習心者亦終以爲慮乎爲曉悟之日與經之空理都自反耶若其永背空談翻爲未說若始終相扶可循教而至下答維驎假知中殊爲藻艷但與立論有違假者以旋迷喪理不以鑽火致惑苟南向可以造越北背可以棄燕信燕北越南矣慮空可以洗心指有可以祛累亦有愚而空聖矣如此但

當勤般若以日忘瞻郢路而驟進復何憂於失所乎將恐一悟之唱更躓於南北之譬耶

答綱琳二法師

披覽雙難欣若暫對藻豈論博蔚然滿目可謂勝人之口然未厭於心聊伸前意無由言對執筆長懷謝靈運和南

答綱公難

來難云同有非甚閡尚不可以翫此而善彼豈況乎有無之至背而反得以相通者耶此是拘於所習以生此疑耳夫專翫筆札者自可不工於弧矢弧矢既工復翫筆札者何爲不兼哉若封有而不向宗自是封者之失造

無而去滯何爲不可得背借不兼之有以詰能兼之無非惟鍾胡愧射於更李羿養慙書於羅趙觸類之蹟始充巧歷之歎令請循其本夫憑無以伏有伏久則有妄伏時不能知知則不復辨是以坐忘日損之談近出老莊數緣而滅經有舊說如此豈累之自去實無之所濟且明爲晦新功在火日但火日不稱功於幽闇般若不言惠於愚惷耳推此而往詎俟多云

答琳公難

孔雖曰語上而云聖無階級精雖曰一合而云物有佛性物有佛性其道有歸所疑者漸

教聖無階級其理可貴所疑者殆庶豈二聖
異塗將地使之然斥離之歎始是有在辭長
之論無乃角弓耶
難云若其衣背空談翻與末説若始終相扶
可循教而至可謂公孫之辭辯者之囿矣夫
智爲權本權爲智用今取聖之意則智即經
之辭則權傍權以爲檢故三乘咸蹄筌既意
以歸宗故般若爲魚兎良由民多愚也教故
迂矣若人皆得意亦何貴於攝悟假知之論
旨明在有者能爲違理之諫是爲交睞相傾
非悟道之謂與其立論有何相違燕北越南
有愚空聖其理既當頗獲於心矣若勤者日

忘瞻者驟集亦實如來言但勤未是得瞻未是至當其此時可謂向宗既得既至可謂一悟將無同變來馳而云異轍耶

王衛軍問

論曰由教而信有日進之功非漸所明無入照之分問曰由教而信而無入照之分則是闇信聖人若闇信聖人理不關心政可無非聖之尤何由有日進之功

論曰暫者假也眞者常也假知無常常知無假又曰假知累伏理暫爲用用暫在理不恒其知問曰暫知爲假知者則非不知矣但見理尚淺未能常用耳雖不得與眞知等照然

寧無入照之分耶若暫知未是見理豈得去
轉理暫爲用者又不知以爲稱知
論曰教爲用者心日伏伏累弥久至於滅累問
曰教爲用而累伏爲云何伏耶若都未見理
專心闇信當其專心唯信而已謂此爲累伏
者此是慮不能並爲此則彼廢耳非爲理累

相權能使累伏也凡厥心數孰不皆然如此
之伏根本未異一倚一伏循環無已雖復弥
久累何由滅弘曰一悟之談常謂有心但未
有以折中異同之辨故難於厝言耳尋覽來
論所釋良多然猶有未好解處試條如上爲
呼可容此疑不既欲使彼我意盡覽者泠然

後對無非兼當造膝執筆增懷眞不可言王
弘敬謂

答王衞軍問
問曰由教而信而無入照之分則是闇信聖
人耶若闇信聖人理不關心正可無非聖之
尤何由有日進之功

答曰顏子體二未及於照則向善已上莫非
闇信但教有可由之理我有求理之志故曰
關心賜以之二回以之十豈直免尤而已實
有日進之功

問曰暫知爲假知者則非不知矣但見理尚
淺未能常用耳雖不得與眞知等照然寧可

謂無入照之分耶若暫知未是見理豈得去
理暫爲用又不知以何稱知
答曰不知而稱知者正以假知得名耳假者
爲名非暫知如何不恒其用豈常之謂既非常
用所以交賒相傾故諫人則言政理悅己則
犯所知若以諫時爲照豈有悅時之犯故知
言理者浮談犯知者沉惑推此而判自聖已
下無淺深之照然中人之性有崇替之心矣
問曰教爲用而累伏爲云何伏耶若都未見
理專心闇信當其專心唯信而已謂此爲累
伏者此是慮不能並屬此則彼廢耳非爲理
累相權能使累伏也凡厥心數孰不皆然如

此之伏根本末異一倚一伏循環無已雖復
弥久累何由滅
答曰累伏者屬此則廢彼實如來告凡厥心
數孰不皆然亦如來旨更恨不就學人設言
而以恒物爲譏耳譬如藥驗者疾易痊理妙
者希可洗洗者豈復循環疾痊安能起滅則
事不侔居然已辨但無漏之功故資世俗之
善善心雖在五品之數能出三界之外矣平
叔所謂冬日之陰輔嗣亦云遠不必携聊借
此語以况入無果無阻隔
靈運白一悟理質以經誥可謂俗文之談然
書不盡意亦前世格言幽僻無事聊與同行

道人共求其衷猥辱高難詞微理析莫不精
究尋覽弥日欣若暫對輒復更伸前論雖不
辨酬釋來問且以示懷耳海嶠岨迴披叙無
期臨白增懷眷歎良深謝靈運再拜

王衛軍重答書

更尋前答超悟亦不知所以爲異正當今身
已送示生公此間道人故有小小不同小涼
當共面盡脫有暦言更白面寫未由寄之於
此所散猶多

竺道生答王衛軍書

究尋謝永嘉論都無間然有同似若妙善不
能不以爲欣檀越難旨甚要切想尋必佳通

耳且聊試略取論意以伸欣悦之懷以爲苟若不知焉能有信然則由教而信非不知也但資彼之知理在我表資彼可以至我庸得無功於日進未是我知何由有分於入照豈不以見理於外非復全昧知不自中未爲能照耶

與安成侯嵩書

姚興

吾曾以己所懷疏條摩訶衍諸義圖與什公評詳厥衰遂有哀故不復能斷理未久什公尋復致變自尒喪我相尋無後意事遂忘棄之近以當遣使送像欲與卿作疏箱篋中忽得前所條本末今送示卿徐徐尋撫若於卿

有所不足者便可致難也見卿未日並可以當言笑吾前試通聖人三達觀以諮什公公尋有荅今并送往諸此事皆是昔日之意如今都無情懷如何矣

通三世論

曾問諸法師明三世或有或無莫適所定此亦是大法中一段處所而有無不泮情每慨之是以忽縱踈野懷聊試孟浪言之誠知知孟浪之言不足以會理然胷襟之中欲有少許意了不能黙已輒踈條相呈匠者可爲折衷

余以爲三世一統循環爲用過去雖滅其理常在所以在者非如阿毗曇注言五陰塊然

喻若足之履地眞足雖往厥跡猶存當來如火之在木木中欲言有火耶視之不可見欲言無耶緣合火出經又云聖人見三世若其無也聖無所見若言有耶則犯常嫌明過去未來雖無眼對理恒相因苟因理不絕聖見三世無所疑矣

什法師答

雅論大通甚佳去來定無此作不通佛說色陰三世和合揔明爲色五陰皆尒又云從心生心如從穀生穀以是故知必有過去無無因之咎又云六識之意識依已滅之意爲本而生意識又正見名過去業未來中果法也

又十方中第二力知三世諸業又云若無
過去業則無三塗報又云學人若在有漏心
中則不應名爲聖人以此諸比固知不應無
過去若無過去未來則非通理經法所不許
又十二因緣是佛法之深者若定有過去未
來則與此法相違所以者何如有穀子地水
時節芽根得生若先已定有則無所待有若
先有則不名從緣而生又若先有則是常倒
是故不得定有不得定無有無之説唯時所
宜耳以過去起行業不得言無又云今不與
目對不得言有雅論之通甚有佳致又大品
所明過去如不離未來現在如未來現在如

亦不離過去如此亦不言無也此實是經中之大要僕得高對通復盡之

通不住法住般若

衆生之所以不階道者有著故也是以聖人之教恒以去著爲事故言以不住般若雖復大聖玄鑒應照無際亦不可著著亦成患欲使行人忘彼我遺所寄汎若不繫之舟無所倚薄則當於理矣

通聖人放大光明普照十方

聖人之教玄通無涯致感多方不可作一途求不可以一理推故應粗以粗應細以細應理固然矣所以放大光明現諸神變者此應

十方諸大菩薩將紹尊位者耳若處俗接麁
復容此事耶阿含經云釋氏之處天竺四十
餘載衣服飲食受諸患痛與人不別經又云
聖人亦入鹿馬而度脫之當在鹿馬豈異於
鹿馬哉若不異鹿馬應世常流不待此神變
明矣每事要須自同於前物然後得行其化耳

通三世

衆生歷涉三世其猶循環過去未來雖無眼
對其理常在是以聖人尋往以知往逆數以
知來

通一切諸法空

大道者以無爲爲宗若其無爲復何所有耶

安成侯姚嵩表

臣言奉珠像承是皇后遺囑所建禮覲之日永慕罔極伏惟感往增懷臣言先承陛下親營像事每注心延望遲冀暫一禮敬不悟聖恩垂及乃復與臣供養此像既功寶並重且於制作之理擬若神造中來所見珠像誠當奇妙然方之於此信復有間瞻奉踊躍實在無量夫受乾施者無報蒙恩隆者無謝雖欲仰陳愚誠亦復莫知所盡臣言

臣言奉陛下所通諸義理味淵玄詞致清勝簡詣踰於二篇妙盡侔乎中觀詠之翫之紙已致勞而心猶無猒真可謂當時之高唱累

劫之宗範也但臣頑闇思不參玄然披尋之
日眞復詠歌弗暇不悟弘慈善誘乃欲令參
致問難敢忘愚鈍輒位叙所懷豈曰存難直
欲諮所未悟耳臣言
臣言上通三世甚有深致既已遠契聖心兼
復抑正衆說宗塗亹亹超絶常境欣悟之至
益令賞味增深加爲什公研該兼備實非愚
臣所能稱盡正當銘之懷抱以爲心要耳
臣言上通不住法住般若義云衆生所以不
階道者有著故也聖心玄詣誠無不盡然至
乎標位六度而以無著爲宗取之於心誠如
明誨即之于事脫有未極夫無著雖妙似若

有不即眞兩冥有不即眞兩冥恐是心忘之謂耳竊尋玄教如更有以謹牒成言以攄愚見故經云以無所捨法具足檀波羅蜜以此三事不可得故三者旣冥有無無當無當之理即同幻化以此而推恐不任之致非眞志彼我遺所寄而已

難上通聖人放大光明普照十方　詔云放大光明諸神變者此自應十方諸大菩薩將紹尊位者耳斯理之玄固非庸近所參然不已之情猶欲言所未達夫萬有不同精麤亦異應彼雖殊而聖心恒一恒一故圓以應之不同故權以濟之雖鹿馬而未始乖其大雖

現神變而未始遺其細故淨名經云如來或以光明而作佛事或以寂寞而作佛事顯默雖異而終致不二然則於小大之間恐是時互說耳如華手經初佛為德藏放大光明令諸衆生普蒙其潤又思益經中網明所問如來三十三種光明一切遇者皆得利益法華經云佛放眉間相光亦使四衆八部咸皆生疑又云處闇衆生各得相見苟有其緣雖小必益苟無其因雖大或乖故般若經云若有衆生遇斯光者必得無上道又以神變令三惡衆生皆生天上以此而言至於光明神變之事似存平等敢緣慈顧輒竭愚思若復哀

矜重關導者豈直微臣獨受其賜

難通一切諸法皆空

詔云夫道者以無爲爲宗若其無爲復何所爲耶至理淵淡誠不容言然處在涉求之地不得不尋本以致悟不審明道之無爲爲當以何爲體若以妙爲宗者雖在帝先而非極若以無有爲妙者必當有不無之因因稱俱未冥詎是不二之道乎故論云無於無者必當有於有有無之相譬猶脩短之相形耳無理雖玄將恐同彼斷常常猶不可況復斷耶然則有無之津乃是邊見之所存故中論云不破世諦故則不破眞諦又論云諸法實則

無二諦諸法若空則無罪福若無罪福凡聖
無泮二苟無泮道何所益昧未悟由臣闇宗
極唯願仁慈重加誨諭
姚興答
卿所難問引喻兼富理極深致實非庸淺所
能具答今爲當都格以相酬耳卿引般若經
云若有衆生遇斯光者必得無上道即經所
言未聞有凡流而得見光明者如釋迦放大
光明普照十方當斯之時經不言有羣品而
得見其恠而異之者皆是普明之徒以斯言
之定不爲羣小也卿若以衆生爲疑者百億
菩薩豈非衆生之謂耶然經復云普明之詣

釋迦皆與善男子善女人持諸華香來供養
釋迦及致供養之徒自應普蒙其潤也但光
明之作本不爲善男子善女人所以得蒙餘
波者其猶蠅附驥尾得至千里之舉耳　卿
又引神變令三惡衆生得生人天若在鹿爲
鹿在馬爲馬而度脱之豈非神變之謂耶華
手思益法華諸經所言若云放大光明自應
與大品無異也若一一光明以應適前物此
作非人天所通夫光明之與寂寞此直發意
有參差其揆一也卿引經言施者受者財物
不可得與不住法不住般若未有異三者直是
始終之敎也統而言之俱是破著之語耳何

者罪不罪施者受者及財物都不可得若都不可得復何所著是勸無所著明矣

卿又問明道之無爲爲當同諸法之自空爲妙空無以成極耶又引論中二諦之間言意所不及道之無爲所寄耶吾意以謂爲道止無爲未詳所以宗也何者夫衆生之所以流轉生死者皆著故也若欲止於心即不復生死既不生死潛神玄漠與空合其體是名涅槃耳既曰涅槃復何容有名於其間哉夫道以無寄爲宗若求寄所在恐乃惑之大者也吾所明無爲不可爲有者意事如隱尋求或當小難今更重伸前義卿所引中論即吾義宗

諸法若不空則無二諦若不有亦無二諦此定明有無不相離何者若定言有則無以拔高士若定明無則無以濟常流是以聖人有無兼抱而不捨者此之謂也然諸家通第一義廓然空寂無有聖人吾常以爲殊太遥遠不近人情若無聖人知無者誰也

安成侯嵩重表

臣言奉賜還詔誨喻周備伏尋之日欣踊無量陛下爰發德音光闡幽極拓道義之門演如來之奧冥宗隱而復彰玄扉掩而再敞文外之旨可謂朗然幽燭矣夫理玄者不可以言稱事妙者固非常詞之所讚雖欲心口仰

詠亦罔知所盡由臣愚鈍而猥蒙陛下褒飾之美誠復欣載殊眷實赦比仰味微言研詠彌至其爲蒙悟豈唯過半之益但臣仍充外役無由親承音旨每望雲遐慨實在罔極不勝延係謹以申聞臣嵩言

得表具一二吾常迮之才加多事昏塞觸事面牆不知道理安在爲復以卿好樂玄法是以聊復孟浪以言之耳而來喻過美益以不安

折疑論

唐沙門釋慧淨

太子中舍辛諝學該文史誕傲自矜心存道術輕弄佛法滐翰著論詳略釋宗時有對者諝必碎之于地謂僧中之無人也慧淨法師

不勝其侮乃裁論以擬之曰披覽高論博究
精微旨贍文華驚心眩目辯超炙輠理跨聯
環幽難斅以縱横掞藻紛其駱驛非夫哲士
誰其溢心贍彼上人固難與對輕持不敏寧
詶客難來論云一音演說各隨類解蠕動衆
生皆有佛性然則佛陁之與大覺語從俗異
智慧之與般若義本玄同習智覺若非勝因
念佛慧豈登妙果
答曰大哉斯舉也深固幽遠理涉嫌疑今當
爲子略陳梗槩若乃問同答異文郁郁於孔
書名一義乖理明明於釋典若名同不許義
異則問一不得答殊此例既昇彼並自没如

有未喻更爲提撕夫以住無所住万善所以兼修爲無不爲一音所以齊應豈止絕聖棄智抱一守雌泠然獨善義無兼濟較言優劣其可倫乎二宗既辨百難斯滯
論云必彼此名言遂可分別一音各解乃翫空談
答曰誠如來旨亦須分別竊以逍遥一也鵬鷃不可齊乎九万榮枯同也椿菌不可齊乎八千而況爝火之侔日月浸灌之方時雨寧有分同明潤而遂均其曜澤哉至若山豪一其小大彭殤均其壽夭廷楹亂其橫豎施厲混其妍媸斯由相待不定相奪可忘莊生所

以絕其有封非謂未始無物斯則以余分別攻子分別子亡分別即余亡分別矣君子劇談幸無虛論 一言易失駟馬難追斯文誠矣深可慎哉

論云諸行無常觸類緣起後心有待資氣涉求然則我淨受於薰修慧定成於繕尅答曰無常者故吾去也緣起者新吾來也故吾去矣吾豈常乎新吾來矣吾豈斷乎新故相傳假薰修以成淨美惡更代非繕尅而難功是則生滅破於斷常因果顯乎中觀斯寔莊釋玄同東西理會而吾子去彼取此得無謬乎

論云續鳧截鶴庸詎眞如草化蜂飛何居弱

褒答曰夫自然者報分也熏修者業理也報
分已定二鳥無羨於短長業理資緣兩亟有
待而飛化然則事像易疑況冥難曉幽求之
士論或罔息至乃道圓四果尚昧衣珠位隆
十地猶昏羅縠聖賢固其若此而況庸庸者
乎自非鑒鏡三明雄飛七辯安能妙契玄極
歟究幽微貧道藉以受業家門朋從是寄希
能擇善敢進芻蕘如或鏗然願詳金牒於是
辛氏頂受斯文頓裂邪網斯擬前周沙門姚
道安二教論已有成解但未見者謂辛草創
有李遠問舍人者曾讀斯論意所未詳便以
示沙門法琳請更廣其義類琳乃答曰蒙示

辛氏與淨法師齊物論大約兩問詞旨宏贍
理致幽絶既開義府特曜文鋒舉佛性平等
之談别群生各解之說陳彼此之兩難辨玄
同之一門非夫契彼寰中孰能震斯高論美
則美矣疑頗疑焉何者尋上皇朝徹始流先
覺之名法王應物爰標佛陁之号智慧者蓋
分别之小術般若者乃無知之大宗分别縁
起所以彊稱先覺無知性寂於是假謂佛陁
分别既於外有數無知則於内無心於外有
數分别之見不亡於内無心誘引之功莫賈
甚秋毫之方巨岳踰尺鷃之比大鵬不可同
年而語矣莊生云吾亡是非不亡彼此肅詎

然乎所以小智不及大智小年不及大年惟
彭祖之特聞非衆人之所逮也況三世之理
不差二諦之門可驗是以聖立因果凡夫有
得聖之期道稱自然學者無成道之望從微
至著憑繕剋而方研乗因趣果藉熏修而始
見彼既知而故問余亦述而略答詳夫一音
普被弱喪由是同歸四智廣覃眞如以之自
顯自顯也者唯微唯彰同歸也者孰來孰去
蓋知隨業受報二鳥不嫌其短長因濕致生
兩蟲無擇於飛化不存待與無待明即待之
非待矣請試論之昔闞澤有言孔老法天諸
天法佛洪範九疇承天制用上方十善奉佛

慈風若將孔老以定聖尊可謂子貢賢於仲
尼跛鼈陵於駿驥欲觀渤澥更保涓流何異
蔽目而視毛端却行以求郢路非所應也非所應
也且王導周顗宰輔之冠蓋王濛謝尚人倫之
羽儀次則郗超王謐劉璆謝容等並江左英彦
七十餘人皆學綜九流才映千古咸言性靈
眞要可以持身濟俗者莫過于釋氏之教及
宋文帝與何尚之王玄保等亦有此談如其
宇内並遵斯要吾當坐致太平矣尚之又云
十善暢則人天興五戒行則鬼畜絶其實濟
世之玄範豈造次而可論乎中含學富才高
文華理切秦懸一字蜀挂千金何以當茲奇

麗也不量管見輕陳鄙俚敢此有酬示麻續組耳李舍人得琳重釋渙然神解重疑頓消仍以斯論廣于視聽故得二文雙顯各共志乎

廣弘明集卷第十八

亦

軌躅下直欲反丨車跡也　踈淪下音藥熱湯瀹也　孫綽下昌約反　琛下丑今反　三世下俗丗字　析疑上先擊反剖判也作折非　虬渠幽反　賚郎代反賜也　水犀下音西丨牛　縝之忍反　隋煬上音隨下余向反　褚亮上丑呂反下力向反　宏標上惠萌反大也下必苗反表識也　斧藻甫早二音　祛丘居反　荀悅上息旬反　姦詭下過委反　彭殤下音傷丨少夭也釋義同前彭古之壽人也　瞽叟上音古盲丨　令胤下余鎮反丨嗣也繼也　盜跖下音隻古之賊人也　旋踵下之勇反

丨丨移㞢也酷吏上苦篤反毒之甚也千貂下音凋丨蟬大夫之冠用稊
米上徒兮反草名流宕下徒浪反過丨也鑽之上子官反不肖下音
笑似也企及上丘智反望也料檢上音寮苟靈上音狗蹟
助隔反幽微也臧會上則郎反僣子念反通圮下皮美反塞也郄苑
上丘逆反舋許近反禍也愆去乾反丨罪也翳於計反丨障也造其上七
到反恢恢苦回反大也宗轍下直列反内掬下音菊以眩下音
縣惑也而嬰下一盈反當也羅殃上音離遭也躓音致礙也
舛錯上尺輭反差丨儻敘上他朗反正作讜直言也稍厝下七故反正作
措爝火上音雀又才約反炬火也詰起一反窮問也攄散上丑居反下上
聲迂委于反丨曲也誘掖酉亦二音璇璣上似宣反下居依反丨丨北斗
也鑑燧上音鑒鏡也下音遂火母也月下以鑑求水日中以鐩求火咀才呂
反丨嚼也庖人上步交反廚官也刀俎下音阻肉机也芻豢上楚俱反

下音患牛羊食草之類曰芻犬豕食穀之類曰豢上正作蒭嬰辜上一盈反當也
下音孤罪也禽豸下直爾反蟲丨也有足曰蟲無足曰豸網罟下音古丨
亦網也陷穽上咸字去聲下音淨掘地爲坑也斃毗祭反死也組鼎
上同前下音頂調五味之器劫掠下音略滌塵七徒的反除也洗也五
豝下伯麻反詩云一發五豝丨牝豕也卽母猪也發射也來誶下寺遂反言也勗問
上許玉反勸丨也筌蹄上七全反取魚器也慧驎下音隣佩璽下斯

此反玉印也覃徒南反及也複答上音福重丨馳騁下丑領反功
侔下莫浮反齊也羿養上音詣古之射人養由亦古之射人膏肓二字音高
荒病不可治也令謂丨丨大道不治之義也摧輈下竹由反車轅也自睎
下音希目明也蹟音致同前辯⿰忄畫下呼麥反慧也屛離上音尺華也捐
有上音緣丨亦棄也藻豔二字音早焰謂文藻芳艷也蔚然上烏勿反
盛皃弧矢上音胡弓也下式旨反箭也愚蠢下丑角反愚之甚也圓矣

上音右苑丨同轡下音秘馬衘也異轍下直列反車丨吝𠫤二同良刃
反貪也鄙也經誥下音告幽僻下疋亦反其衷下音中猥辱
上烏每反海嶠下渠要反山尖而高曰丨岨迥上音阻訶衍下音演梵
云摩丨丨此云大乘泮下音判亹亹音尾美也攄丑居反同前附驥下居
異反丨良馬也其揆下求癸反敞昌兩反丨顯也延徯下戶禮反丨丨待望
也辛諝下息徐反其侮下音武也欺也輕眩目上音縣·象

輠二字音隻果輠是車上貯脂甬也謂貯脂日久尚有餘膩以火炙之脂膩流潤腧人
有智辯縱詰問而不盡詞踦苦化反丨越也掞藻上式贍反丨丨舒布文章也
駱驛落亦二音分布急疾之皃蠕動上音軟細蟲能動曰丨梗槩上加
猛反下古愛反丨丨大略也郁郁於六反丨丨文章也提撕下音西較
言上音教比丨也丨又音角鵬鷃上音朋下音晏莊子謂大鵬一飛九万里鷃崔
于蓬蒿之間皆自得其適也椿菌上丑倫反大椿有八千年榮茂莊子或云二万

年下巨殞反一名蕣有朝生暮悴者爝火上音雀又寸約反炬火也廷楹下音
盈丨柱也妍蚩下尺之反丨丨美醜也續鳧下音扶水鴨也續鳧截鶴謂鶴足
長截而續於鳧足所冀長短齊平然則鳧短鶴長則自然之義也羅縠下胡合反
緊絲繒也芻蕘上昌朱反下而招反草薪也闞澤上苦鑑反九疇下直
流反尚書有九疇篇義繁不具跛躄上必我反脚屈病下弁滅反駿驥上子
閏反下居畏反丨丨良馬也渤澥上蒲沒反下胡責反海之別名消流上俱
玄反細流也周顗下語豈反郄超上丘逆反玉謐下音蜜劉璆
下巨幽反英彥下魚箭反丨丨才智之稱也綜子送反惣也鄙俚下音
里續組下音祖丨織文綸也渙然上音喚

廣弘明集 第十九

四百七十七 赤九

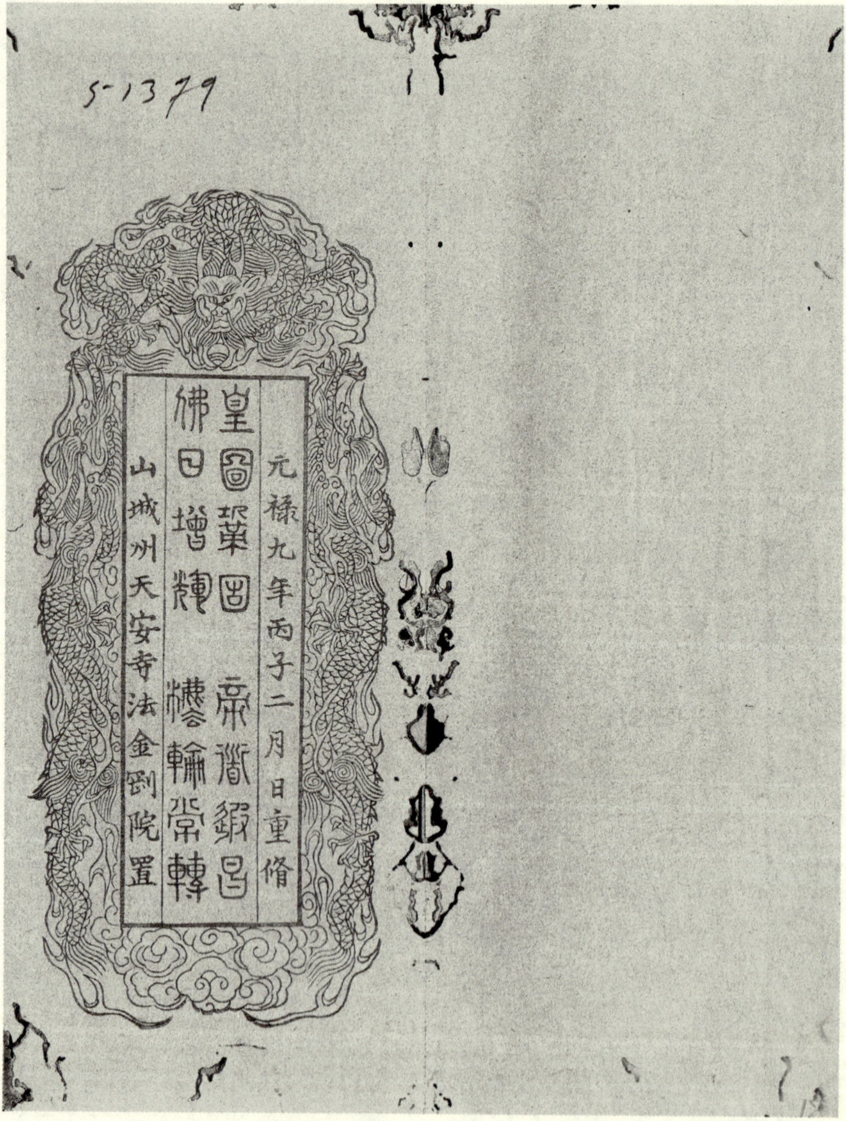
元祿九年丙子二月日重脩
皇圖鞏固　帝道遐昌
佛日增輝　法輪常轉
山城州天安寺法金剛院置

廣弘明集卷第十九　亦

大唐西明寺釋道宣撰

法義篇第四之二

内典序　齊沈約

齊皇太子解講䟽　齊沈約

齊竟陵王發講䟽并頌　齊沈約

齊竟陵王解講䟽　齊沈約

與荆州隱士劉虬書三首　齊沈約

請梁祖講金字波若啓并荅往反六首　梁皇太子綱

述御講波若序　梁陸雲

叙御講波若義　齊蕭子顯

謝御講波若竟啓　梁皇太子

内典序　沈約奉齊司徒竟陵王敎作

尚矣哉羣生之始也義隱三藏之外事非二乘所窺自竝識違同奔隨緣受業人天異軌翾動殊貫苦樂飜回愚智相襲莫不宅火輪鶩擬燄飈遷以寸陰之短晷馳永劫之遥路精靈起伏萬緒千名如來發源恒品蓋亦含生之一至於竝首爭馳斯固未或異也至於覆簣無始之初成功短筭壽之末塗遥業遠妙軫遐長累明積慧靈覺獨曉巨相四八照曜於大千尊法二九包籠乎無外六度之業既深十力之功自遠濟物以權降魔匪力妙法輪轉甘露啓霏舟輿六趣津梁五道登四衢

之長陌遊一乘之廣路斯既已事盈方等義滿神宣逮于大權恊化對揚宗極徇物地於慈悲亡身著乎非己行符四等道昇十地若乃靈性特達得自懷抱神功妙力無待學成孤桀獨鶩莫知所限結習紛綸一隨理悟又有捐情屏慮身心靡欲猒生死之長勤眷寂滅而投軫遥然自得漏累煙銷且津心適道功非一業雖會理共源而萌情或異是故高心邈行分路同趍忘懷屏慾殊塗一致或草礫身體投骸林澤内亡形相外馴兕虎或坐卧行立迹不違衆禪業定門造次無爽安忍與金石同固戒行與寶珠等色雖秋禽年至

春蘅時登而耿介長蔬忡怛在念妙迹匪遐
神塗窈迹有悟必通由之斯至故能藉智探
虛乗心照理區區懷抱融然靡執俱處三界
獨與神遊苞括四天卷舒萬劫闡片義而陟
道場受一言而升彼岸長夜未開心關自曉
淹迴聖迹寢息神光旣負纍以從師亦栖林
以綜業足蹈慧門學通龍藏妙吼遐徹鸞音
自遠若夫乂跪運心期誠匪迹而導達神功
照啓未悟唱説之美義兼在斯曁九土殊風
八方舛俗遊化所包事出弘獎皆足以遷光
淨域登儀寶地並黜華翦飾破愛辭親鼓枻
無生之流方軌俗表之路固已千佛摩頂七

住齊功至夫清信士女植緣曠劫雖復容服
未改而戒德内弘瞻毗耶而聳轡望波斯而
迴軨駕四禪之眇眇汎八解之悠悠若乃十
号尊崇三達靡礙雖法身非有而常住在躬
能仁權迹四門既非悟道之始假滅雙樹寧
有薪盡之窮而夫人瞻慕髣髴興情彫金範
玉圖容寫狀靈儀炫日寶刹臨雲或役鬼神
之功或資髓腦之力製非人匠寶以合成莫
不龍章八彩瓊華九色至乃齒髮傳靈衣履
遺證聖迹彪炳日爕於閻浮神光陸離星繁
於淨刹若乃乘此直心推誠闇往則半息可
追一念斯至感降參差雲霏非霧委此又照被

象譯蠻、映縑圖夫秉牘書事其流已遠蓋所
以彪著往迹煥述遐聲雖篆籀異文胡華殊
則至於叶暢心靈抑揚訓義固亦内外同規
人神一揆墳典丘索域中之史策本起下生
方外之紀傳統而爲言未始或異也而經記
繁廣條流殊散〻事始末褒理卷分或詞義
離斷或文字互出甫涉後條已昧前覽尋源
討流未知攸適雖精理瑩心止乎句偈而初
悟始學致惑者多且中外羣聖咸載訓典雖
教有殊門而理無異趣故眞俗兩書遞相扶
弊孔發其端釋窮其致撤網去網仁惠斯在
變民遷俗宜以漸至精麁抑引各有由然是

故曲辨情靈栖心妙典伏膺空有之説搏綜兼忘之書該括群流集成兹典事以例分義隨理合功約悟廣莫尚於斯可以理求證成妙果若乃載司南之車猶稱靡惑服四照之草得用不迷況乎六馬同鑣万流共貫日月經天方斯未已河海帶地夫豈足云蓋入道之筌蹄群生有悟於此也

南齊皇太子解講䟽　沈約

皇太子以建元四年四月十五日集大乘望僧於玄圃園安居寶地禁苑皆充供具珍臺綺榭施佛及僧震玄音於六宵暢微言於永劫三達宣其妙果十住讚其祥緣踐二氣而

業升離九旬而功就暨七月既望乃敬捨寶軀爰及輿晃自纓已降凡九十九物願以此力普被幽明帝室有嵩華之固蒼黔饗仁壽之福若有淪形苦海得隨理悟墜體翱塗不遠斯復十方三世咸證伊言兹擅或褰無取正覺

齊竟陵王發講疏并頌　沈約

大矣哉妙覺之爲妙也無無相非色空不可極而立言垂訓以汲引爲方慈波慧水雖可漑而莫知其源者也靈篇寶籍遠採龍藏蓋無得而言焉至于義指天山之表文隱交河之外又非斷籌所能筭也遠于祇樹菴園之妙

吼四諦一乘之正説重譯而通中土莫不恒
沙之一焉而詞源海廣理塗靈奧雖字流附
響万軌同起分條散葉離文析句未或暨其
萬一也竟陵王殿下神超上地道冠生知樹
寶業於冥津凝正解於沖念若夫方等之靈
邃甘露之深玄莫有不遊其塗而啓其室也
秘藏之被東國者靡不必集皆繕以寶縑文
以麗篆凝光瓊笥炫彩瑶縢思欲敷震微言
昭感未悟乃以永明元年二月八日置講席
於上邸集名僧於帝畿皆深辨眞俗洞測名
相分微靡滯臨疑若曉同集於邸内之法雲
精廬演玄音于六宵啓法門於千載濟濟乎

實曠代之盛事也自法王已降曁于聽僧條載如左以記其事焉乃作頌曰
十号神寂三達空玄迹由聖隱教以茲宣氛氳緒法昭晰遺筌摽聲妙任騰華寶蓮文摛龍藏義溢中天惟王稟照道冠增璿星羅寶幄雲開梵筵思馳春馬理折秋蟬靈場絢彩正水興漣乘茲上果永導芳緣
竟陵王解講䟽一首　沈約
夫憑形輝化必由委氣之塗因方導理必同肖天之質是以表靈邃瑞誕聖王宮駐彩辰緯停華日月故能積慈成聖累妙成空坦昭路於道場拔迷根於苦岸弟子蕭子良滌慮

煩襟栖情正業肅莘僧英敬敷慧典密藏奥
文雲開雨散今魄首丹逵日弦上朔七步凝
想空明屬念雖神迹稍緬而遺塵在茲乃飾
蹉藻殿張帷盛邳絜誠祗事建斯寶集蘭泉
波涌芳藹雲迴秘理探微玄況悠邈宗條既
舉窮功允就論堂卷座義皷停音乘此芳緣
將升上住十方三世有證無爽

又竟陵王解講疏一首

夫妙極衆象湛恩必通理冠群方有感斯應
自鸞音輟唱圓光寢輝委華之相不傳踊地
之符巳遠行言入道事難於造次一悟階空
効隔於俄頃若非積毫成仞累觶爲明無以

方軌慧門維舟法岸弟子是用夕惕載懷惟日不足者也故敬集名僧演敷奥籍震微起滯輪動雲迴月殿含吕魄弦上曰甘露既窮輟言寶座卷文罷席衣裓相趍仰惟先后稟靈娥德叶景軒度道載華岳化洽汾陰早棄蘭宮夙違椒掖千乘不追万鍾靡及終天之慕不續於短年欷報之誠恩隆於永劫敬捨軀服以充供施藉此幽通控情妙覺仰願聖靈遠登寶位越四天之表記十号之尊惟兹三世咸證於此敢誓丹衷庶符皎日

與荆州隱士劉虬書　齊文宣公蕭子良

劉虬初爲當陽令後爲南郡丞頃之自免始

事拂衣時年三十二論者比漢踈邴焉遂辟
穀却粒餌术衣麻布衣草屩茅室土帳禮誦
長齋六時不闕世諦典籍不復修綜碁書小
藝一切屏絶惟研精佛理述善不受報頓悟
成佛義當時莫能屈注法華等經講涅槃大
小品等齊建元初詔徵通直散騎侍郎不就

文宣深弘正法以虬精於釋理要其東下與
虬書曰玉燭登年金商在律炎涼始賀動靜
惟安勤味道腴幸遵雅尚豈不樂哉僕誠幸
甚百姓一心衆生不疾比屋可封將又何求
但良書獨擁善談無析顧言之子實痗我心
所以不遠千里尺書道意自淳清既辨澆

濟代襲隱顯之術參差默語之途紛乎或餝
智以謍愚或激情以悟俗或穢已以闇通或
謀歌以明道屠羊驅馬未足磷其堅佯狂如
愚豈能緇其白官楚蕃魏人外之氣逾邈入
漢遊梁區中之韻弥少及權其輕重品其得
失則淵懷洞賞寧或符之僕夙養閑襟長慕
出槃迹塵珪組心逸江湖未面自親聞風如
舊而迴駕之念徒軫軾閭之禮無階固已佇
軸深衷傾筐遐路者矣君矯然獨遠確乎難
拔素志與白雲同悠高情與青松共爽宣習
質文緇林枯而重茂昭辨空有連河壅而復
滔所謂忘言之人可論天人之際豈能鳳舉

鶴翻有心儀萃高踰愛海比策禪衢沾濠射
之冥遊屈祇鷲之法侶闡三乘於窮子發二
諦於困蒙有是因也何其暢歟今皇風具穆
至道弘被四海不溢五嶽無塵勝序肇修經
法敷廣人賤璣璜家習禮讓樵蘇必時郊林
全巒疊網有節鱗羽偕翔至於層山絕澗環
帶畿畎膏田沃野亘望無躔信可以招往隱
倫栖集勝寄故文舉築室治城之阿次宗植
援西山之趾葛洪考槃於海岫釋遠肥遁於
鍾幽每踐其遺蹤輒深九原之歎若高步可
迂復何懷乎四子昔宣尼之見伯雪師利之
往維摩豈不知相忘之道哉諒有以也未叙

之間爲道自愛一二令淩琚之口具王元長
之詞也
王又與南郡太守劉景雅書曰去冬因君與
劉居士書今春得其返价辭趣翩翩足有才
藻實子雲之筆扎元瑜之書記伸復咨嗟弥
用欽想此子含眞抱璞比調雲霞背俗居幽
寓歡林淑養志南荆可與卞寶爭價韜光楚
服固同隋照共明雖顔段之栖遲偃仰楊鄭
之寂漠恬惔取之若人信可同日而語矣且
道性天悠禪心自謐敦悦九部研味三乘在
家菩薩行之而不艱白衣居士即之而方易
逝將燭昏靈於慧炬拯淪溺於法橋扇靈崿

之留風鏡貞林之絶影僕栖尚旣同情契弥
至而悠悠京苑閒以江山假復神通遠迩寘
交曉曙疇得寫析深襟辨明幽旨迹生滅之
中談究眞俗之諦義故重有别書招來畿邑居
問道之次且爲敦請此蘭山桂水旣足逍遥
儒侶玄宗復多朋往非以一爵相加豈其旌
蒲爲分直闇投誠素庶必能玄了脱悠尒來
儀想時加資遣也
又使乱鄉人吏部郎庾杲之致書喻旨曰司
徒竟陵王懋於神者言象所絶接乎事者遠
近所宗鍾石非禮樂之本纓紱豈朝野之謂
想闇投之懷不以形骸爲阻一日通籍梁邳

親奉語言夢想清顔爲歲已積以丈人非羔
鴈所筞故息蒲帛之典勝寄寘通諒有風期
之遲君王卜居郊郭縈帶川阜顯不徇功晦
不標迹從容人野之間以窮二者之致且弘
護爲心廣敷眞俗思闢繫表共剖衆妙式莚
山阿虚館川湀實望賁然少酬側遲昔東平
樂善旌君大於東閤哲王愛素致吾子於西
山豈不盛歟百齡飄驟凝滯自物千載一期
爲仁由己且陵雪戒途非滅跡之効鴻鍾在
御豈銷聲之道已標異人之跡故有同物之
勞豈山水無情應之以會愛閑在我觸地蕭
條衡岳何親鍾山何薄想弘思有在不俟繁

言虬内固已泱非復外物所動建武初徵爲
國子博士二年冬疾甚移在江州白雲徘徊
似入櫩戶有異香氣空中磬聲因卒年六十
弟子等若喪父而無服道俗赴葬者數百人
餘論爲集二十四卷梁大通三年諸子督於
謚法高人庾詵曰道懷博聞曰文何進之謚
也陳寔曰文爲世範行爲士則迺謚曰文範
先生南郡太守任彥昇曰余與先生雖年世
相接而荆吳數千未嘗膝行下風稟承餘論
豈直發憤當年固亦恨深終古然叔夜之叙
黔婁韓卓之慕巨仲木必接光塵承風彩正
復希向遠理長想千載然其人自高假使横

經擁篲日夜掃門會不覩千仞之一咫万頃
之消澮終於對面万古莫能及門故以此弭
千載之恨幽貞子虞孝敬曰其子之遴仕梁
太常與余善求其先人遺書次以爲傳云

請御講啓 并勑荅　梁皇太子綱

臣綱臣綸臣紀言臣聞紫宫麗天著明玄象
軒臺在岳遜聽良書是以道弥隆而禮愈縟
德弥溥而事愈奉此蓋彰至治之尊救生民
之本也伏以大光嚴殿佯神垂則沖天開宇
功深大壯事協文明儀宸建極切靈啓構照
燭三光含超百堵咸謂心花所表復非良匠
之力神通所現不藉子來而成實唯淨國固

絶薰落之禮高邁釋宮理無康鳴之宴竊惟妙勝之堂本師於茲佛吼摩尼之殿如來亦開闡法音伏希躬降睟容施灑甘露油然慧雲霈然慈雨光斯盛業導彼蒼生履天居而說無相同眞也建佛事而被率土化俗也同眞化俗至矣哉一舉而三美顯豈不大乎與彼壓山之上儼巖之下西都鳳凰負陽鸑鷟安足同日而語哉敢露丹愚伏待矜遂輕干聽覽流汗戰懾謹啓

省啓欲須吾講具汝等意書云一日二日惟日万機今復過之年耆根熟氣力衰耗荷此黼扆有踰重負日中或得一食或不得食周

旦吐握未足爲勞楚君旰食方今非切未明
求衣聿來弗休晝勞夜思精華已竭數術多
事未獲垂拱兼國務靡寄豈得坐談須道行
民安乃當議耳越勑
重啓請御講 并勑荅
臣綱臣綸臣紀言一日輕敢上聞願垂法雨
天鑒凝遠未蒙降遂預均藥木誠同器水徒
美春華還憐秋藿伏惟 陛下德冠受圖道
隆言契四三六五不能踰十堯九舜無以方
而秋風動條尚興未息之念一物失所猶起
納隍之仁方留衢室之情未義石渠之講竊
以神通所現一念万機大權所行應時三密

猶處禪寂影現十方一起道場已爲八會豈
與吹律之后均熊湘之勞鑄鼎之君切風雨
之務伏願以平等慧行如來慈爲度蒼生降
希有事使朝滿一乘情皆十善智珠法炬人
人並持四忍五明家家可望謹冐天威重以
聞啓翹誠注仰伏希允遂使北冀無山豈自
高於曩日南陽逥景不獨隔於當今謹啓
省重啓猶欲須吾講說具汝等意所懷亦不
異前荅縁邊未入國度多乏如是等事恒須
經計其餘繁碎非可具言率土未寧菜食者
衆兼欵附相繼賞與未周怨望者多懷音者
少漢世渾弁賈誼亦且流慟魏室無虞楊阜

猶云可悲況今爪牙腹心不貳之臣又論道帷幄之士四聰不開八達路擁王侯雖多維城靡寄晝厲夕惕如履霜刃以朽索馭六馬豈足爲喻詩不云乎知我者謂我心憂不知我者謂我何求方今信非談曰汝等必欲尒者自可令諸僧於重雲中講道義也越勅

又啓請御講 并勅荅

臣綱臣綸臣紀言敢藉寵靈頻干聽覽冊降神旨未垂臨燭伏以皇政廣覃天覆悠遠海河夷晏日月貞明洛水有穪蕃之胡藁街有歸命之虜春戈已戢秋塵不飛槐棘均多士之詩貂璫有得賢之頌聖德沖謙劬勞日昃

猶以時多禹歎物未堯心百辟懃遑群司聳
蕩臣等或三善靡聞或一官不効暑鮑逢宰
相之請學儉得參軍之譏而自以結根天苑
竊高前載是以匪懼塵黷復敢上聞伏願樂
説大慈特垂矜許放光動地不以法妨俗隨
機逗藥不以人廢言俾兹含生凡厥率土心
花成樹共轉六塵鏡裏得珠俱開三障於其
誠願孰不幸甚累冒宸嚴倍增戰息謹啓
省汝等啓復具所懷汝等未達稼穡之艱難
安知天下負重肅主少君所以繼踵顛覆皆
由安不思危況復未安者耶殷鑒不遠在於
前代吾今所行雖異曩日但知講説不憂國

事則與彼人異術同云易言其亡繫于苞桑
斯則乾乾夕惕僅而後免汝等思之一二具
如前勑越勑

謝上降爲開講啓

臣綱啓舍人徐儼奉宣　勑旨無礙大慈不
違本誓來歲正月開説三慧經伏奉中詔身
心喜躍飢蒙王膳比此未踰貧獲寶珠方斯
非譬伏以元正慶流大裘禮畢慧雲續潤法
雨仍垂出世洪恩與陽春而布澤俾茲含生
隨藥木而增長懽同万國福浹九圍豈直愚
臣得未曾有謹宣令勑馳報綸紀具介相趣
無辭上謝謹啓

啓奉請上開講 并勑荅
臣綱言竊以眞如無說非筌不悟極果不應
注仰斯通故器有水緣方見圓曦之影藥合
長性得鑒慧雲之慈伏惟
陛下王鏡宸居金輪馭世應跡有爲俯存利
物不違本誓開導愚蒙駈十方於大乘運萬
國於仁壽豈止治斤田粟功侔造化疏江決
河削成天下智高九舜明出十堯頻徙鑾蹕
降甘露雨天人舞蹈含生利益是以背流知
反迷岸識歸臣自叨預趨闈渴仰無厭一日
冒陳丹欵伏希復轉法輪未迴聽畀之恩尚
絕愚臣之願慺慺寸志重敢披祈伏願將降

一音曲矜三請被微言於王舍集妙義於寶
坊聖心等視蒼生猶如一子遂臣之請即是
普被無邊如蒙允許衆望亦足兩肩荷負豈
敢爲踰不任下願謹啓事以聞謹啓
省啓具汝所懷法事既善豈不欣然吾内外
衆緣憂勞紛揔食息無暇廢事論道是所未
遑汝便爲未體國也越勑
啓謝上降爲開講
臣綱啓丹願懇誠屢冒宸扆實希降甘露雨
普被三千天聽孔邈未垂鑒遂旱苗傾潤豈
比自憐暍鳥思林寧方渴仰近因大僧正慧
令伏敢重祈降逮勑旨垂許來歲二月開金

字波若經題殊特之恩曲應愚請稽拜恭聞不勝喜躍身心悦樂如觸慈光手足蹈舞義非餘習伏以香城妙説實仰神文潤方雲雨明踰日月能使迷途識正大夢均朝梵志懼來天魔遥禮提桓所聽而今得聞波崙所求希世復出其爲利益深廣無邊九圍獲悟十方蒙曉雖復識起初流心窮後念方當共捐五蓋俱照一空巍巍蕩蕩難得爲喻臣仍屈慧令續宣此典大乘普導寔由聖慈伏筆罄言寧宣戴荷不任下情謹啓事謝聞謹啓

御講波若經序　梁陸雲

天理臻畢竟而照盡空寂入三門而了觀導

五濁而超津譬茲烈炎遠衆邪而不觸如彼
出日示一相以趨道自羅閱闠其玄言香域
弘其妙説弥勒表字於圓光帝釋念善於明
呪受持讀誦神力折於猛風恭敬尊重福利
踰於寶塔蓋衆聖之圓極而万法之本源也
皇帝眞智自己大慈應物送迎日月緯絡天
地鎮三季之澆風緝五際之頽俗出臨衢室
退事齋居非以黄屋爲尊每以蒼生爲念德
遍區宇未足顯於至仁理絶名言更慇懃於
密説昔慧燈隱耀法藏分流二乘踳駁五部
乖謬訶黎狹劣徒仰黒月之光毗曇褊滯未
見沉珠之寶自聖皇應期探盡幾妙決散羣

迷摧伏異學極天宮之浩博窮龍殿之秘深
於是大發菩提深弘般若永斷煩惑同歸清
淨潤甘露於羣生轉法輪而不息上以天監
十一年注釋大品自兹已來躬事講說重以
所明三慧最爲奥遠迺區出一品別立經卷
亦由觀音力重特顯普門之章登住行深迺
出華嚴之品故以撮舉機要昭悟新學者焉
大僧正慧令蓋法門之上首亦揔持之神足
願等須提之問遂同迦葉之請迺啓請御講
說斯經有詔許焉爰以大同七年三月十二
日講金字般若波羅蜜三慧經於華林園之
重雲殿華林園者蓋江左已來後庭遊宴之

所也自晉迄齊年將二百世屬威夷主多奢僣舞堂鍾肆等阿房之舊基酒池肉林同朝歌之故所自至人御宇屏棄聲色歸傾宫之美女共靈囿於庶人量以華園毀折悟一切之無常寶臺假合資十力而方固捨兹天苑爰建道場莊嚴法事招集僧侶肅肅神宇結翠巘之陰峩峩重閣臨丹雉之上廣博光明有邁菴羅之地身心安樂寔符歡喜之園于時三春届節万物舒榮風日依遲不寒不暑瑞華寶樹照曜七重玉底金池淪漪八德洞啓高門雲集大衆趍法席以沸諠聽鳴鍾而寂靜皇太子智均悉達德邁曇摩捨三殿之俗

娱延二座以問道宣成王及王侯宗室等亦咸發深心並修淨行薰戒香以調善服染衣而就列簷映蟬冕委虵冠帶排金門登玉階者濟濟成羣既而警蹕北趍桀戟東轉門揚清梵傍吐香烟被淨居之服升須弥之座八種妙聲發言無滯十方竦聽隨類得解甚深之義在挹注而難竭樂說之辯既往復而弥新至如宿學耆僧亟論偏執專杖數論未了經文變小意以稱量仰天尊而發問於是操持慧刃解除疑網示之迷方歸以正轍莫不渙然冰釋欣然頂戴若蓮華之漸開譬月初而增長凡諸聽衆自皇太子王侯宗室外戚及

尚書令何敬容百辟卿士虜使主崔長謙使副陽休之及外域雜使一千三百六十人皆路逾九驛途遥万里仰皇化以載馳聞天華而躍踊頭面伸其盡禮讚歎從其下陳又別請義學僧一千人於同泰寺夜覆制義並名擅龍像智曉江河傳習譬於瀉瓶諷誦同於疾雨沙門釋法隆年將百歲學周三藏識洞八禪説法度人顯名於關塞之北聞中國應講摩訶般若經故自遠而至時僧正慧令猶未啓講京師道俗亦不知御應講也至發講之日又有外國僧衆不可勝數並衆所不識同集法座故知放光遍照地神唱告豈勞馳

象之使冥符信皷之期會稽鄮縣阿育王寺釋法顯修習苦行志求慧解既等鬱多之思惟亦同波崙之懇到迺於講所自陳願力刺血灑地用表至誠昔剜體供養折骨書寫歸依正法匪吝身命以今望古信非虚說凡講二十三日自開講迄於解座日設遍供普施京師文武侍衛竝加班賚上光宅天下四十餘年躬務儉約體安菲素常御小殿裁庇風雨所居幄座僅於容膝外絶三驅之禮内屏千鍾之宴膳夫所掌歲撤万金掖庭之費年減巨億兼以博收地利同入珍於撓海盈息泉府譬無盡於龍金故能不勞入力無損國

度財法兼施周流不竭是講也靈異雜沓不
可思議一則宮中佛像悉放光明二則大地
震動備諸踴没三則夜必澍雨朝則晴霽淑
氣妍華埃塵不起四則犍椎既鳴講筵將合
重肩結轂塡溢四門而人馬調和不相驚擾
五則所施法席止坐万人而恒沙大衆更無
迫迮六則四部曠遠咸聞妙説軒檻之外聽
受益明七則淨供遍設厨匪宿辦妙食應時
百味盈溢八則氤氳異香從風滿觸九則鏗
鏘雅樂自然發響十則同聲讚善遍於虚空
斯蓋先佛證見諸天應感超踊寶於昔靈邁
雨華於往瑞是時率土藻抃含靈慶悦願預

福田爭事喜捨上皆區其心迹爲發大願竊
以一句奉持尚生衆善二字經耳猶偕勝報
況廣運大乘遍揚正法筆發慧根同趣妙果
方當秘諸寶函傳彼金字亘万劫以光明弥
大千而利益盛矣哉信無德而稱也小臣預
在講筵職黍史載謹録時事以立今序

御出同泰寺講金字般若經義疏并跡問
答　第一日二月二十六　發般若
經題六人論義

御講金字摩訶般若波羅蜜經序
侍中國子祭酒臣蕭子顯撰

庖犧迺神八象所以成列周文克聖六虛所

以廣陳蓋導俗之偏典非通方之大訓至如
漢明自講扃以儒術簡文談疏復謝專經猶
靈若之觀井鼃雲夢之在胷中也
皇帝體至道而揚盛烈亶聰明而作元后十
地斯在俯應人王八福是生允歸世主玄覽
無際眇塵劫之初寂照所通該六合之外屈
此無為示同有學檀忍兼修禪慧雙舉超國
城而大捨旣等王宮之時量珍寶於四天又
同轉輪之日輕之若鴻毛去之如脫屣故以
道駕皇王事高方冊若非蘊生知之上德蓄
機神於懷抱洞比三明齊功二智孰能與於
此者哉金字摩訶般若波羅蜜經者蓋法部

之爲尊乃圓聖之極教開宗以無相明本發
軫與究竟同流奧義雲霏深文海富前世學
人鮮能堪受皇上愛重大乘遨遊法藏道同
意合眷懷揔持親動王言妙踰綸紱導明心
之遠筌標空解之奇趣乃摛以翠縑刻爲金
篆衆具寶飾品窮無價芝英讓巧金碧相輝
雖榮光之翊河圖方此非瑞青玉之爲仙簡
於焉已劣皇太子承万機之暇日藉聽朝之
閑覽譬彼薰風願聞弘說慇懃奏請然後獲
從以中大通七年太歲癸丑二月己未朔二
十六日甲申輿駕出大通門幸同泰寺發講
設道俗無遮大會万騎龍趍千乘雷動天樂

九成梵音四合震震填填塵霧連天以造于
道場而建乎福田也既而龍衮輟御法服尊
臨殿華紫紺座延高廣上界莫之擬新學不
能升天容有穆降詔音旨卯捷疾之辯騁無
畏之辭炙輠無窮連環自解恣所請問渙然
氷釋滯義同遺疑網皆除亦猶懸鏡之不藏
衢樽之俟酌加以長筵亘陛冠冕千群充堂
溢霤僧侶山積對別殿而重肩環高廊而接
坐錐立不容棘刺無地承法雨之通潤悦甘
露而忘歸如百川之赴巨海類衆星之仰日
月自皇太子王侯已下侍中司空袁昂等六
百九十八人其僧正慧令等義學僧鎮座一

千人晝則同心聽受夜則更述制義其餘僧
尼及優婆塞優婆夷衆男冠道士女冠道士
白衣居士波斯國使于闐國使北館歸化人
講肆所班供帳所設三十一万九千六百四
十二人又二宫武衛宿直之身植葆戈駐金
甲並蒙講饌別錫泉府復數万人不在聽衆
之例外國道人沙呵耶奢年將百歲在檀特
山中坐禪聞中國應有大講故自遠而至機
感先通咫尺万里言語不達重譯乃宣三藏
之解聖情懸照又波斯國使王安拘越荒服
遠夷列參近座膜拜露頂欣受未聞多種出
家聞義爲貴即有四人同時落髮先是寶誌

法師者神通不惻靈迹甚多自有別傳天監
元年上始光有天下方留心禮樂未遑汾陽
之寄法師以其年九月自持一麈尾扇及鐵
錫杖奉上而口無所言上亦未取其意于今
三十餘年矣其扇柄繫以小繩常所綰楔指
迹之處宛然具存至是御乃鳴錫升堂執扇
講說故知震大千而吼法者抑有冥符是時
歲云芳春每夕雨注法皷晨鳴輒便凊朗時
過兩旬日盈三七陽和協度雲景禎祥至解
講之辰四衆雲集懺禮纔畢而正殿十方大
像忽放光明起自毫間遍於万字左右靈相
炳發金儀炫燿俄而左邊十方菩薩像續復

放光起右腋下達于肩上聖御躬自虔禮大衆咸所觀矚故知現此面門證明義旨若夫多聞弟子内聖垂風右史記言實惟帝則乃命近臣纂録時事凡厥諮諏罔不備舉或通釋已遠而疑審方來或宗致未聞而啓請先至其追審者皆是本習所懷或隔日異辰義成先後或雖伸往復終是一問聖旨並隨方酬接如響應聲万物爲心事見乎此後之學者宜曉斯趣上弘法歲久凡諸學僧遠近同集並會京師而僧家之學師習相守唯信口説専仗耳功鮮能尋究經文依求了義上每爲之通解神彩意得已在言先裁引文句便

至數十精詳朗贍莫能追領舊學諸僧黷如
撤燭弛氣結舌無人不然万衆仰觀一時心
喜諸如此事非翰墨所能述又外國諸僧所
論義者不必開所立之義直是素有心疑止
來求決或發偈誦然後諮疑或請問既罷讚
歎發願或語畢還坐衆俱不識或諮竟乃去
莫知所在容服非常凡聖難測是講也東儲
始啓上蒙七日諸僧鑽仰欲罷不能重復伸
請更蒙二七而請益之衆喁喁不已上以國
務久擁不允所祈將欲解座皇帝捨財遍施
錢絹銀錫杖等物二百一種直一千九十六
万皇太子奉嚫玉經格七寶經函等仍供養

經又施僧錢絹直三百四十三万六宮所捨二百七十万上親臨億兆躬自菲薄司服所職饔人所掌若非朝廷典章止是奉身之費則太宮一日將十万生衣歲出千金上並不取別自營給服麁浣衣器同土簋日一蔬膳過中不餐寒暑被襲莫非大布所居便殿不能方丈昔之幄座今爲下床傍無侍衛顧無玩物左右唯經書卷軸所對但見香鑪錫杖昧旦坐朝日旰乃息夜尋法寶明發不寐所利唯人所約唯己誠起居之恒事禁中之實錄又宮人常格年給數千万悉從停省無所爲留雖漢文衣不至地光武穀數十斛方之

蔑如矣所造寺塔及諸齋會不藉子來之民不同大酺之禮皆是採山澤之地利爲如法之淨財量入爲出資無外取一役之勞計限傭賚故能構製等於天宫設飯同於香積國朝大禮莫過三元三元所設衆止數万隔歲預營謹而後舉監督紛紜以爲巨費至於此會出自淨財遠近百姓願爲邑節欣欣請受爭取福分不待号令不須課率黍稷馨香如期即至數十万衆饗之不盡所以知是皇上化力之所到百姓善根之有成至如軍國恒度府庫常畜固以天下爲公器則秋毫無所侵也初上造十三種無盡藏有放生布施二

科此藏利益已爲無限而每月齋會復於諸寺施財施食又别勑至到張文休日往屠肆命切鼎俎即時救贖濟免億數以此爲常文休者先爲運吏輙散運米與貧民應入大辟上愍其一分惻然不許非唯赦其重辜乃加以至到之曰既非馮煖之市義又無汲黯之請罪人微宥重過於昔時文休既荷嘉貸未嘗暫息日中或不得食而足不得息周遍京邑行步如飛擊鼓揚幡負擔馳逐家禽野獸彈四生之品無不放捨焉是時朝臣至于民庶並各隨喜又錢一千一百一十四万上區其心迹列有十條或捨財同令法事者或捨

財以供養者或捨財行慈悲者或捨財乞誦
經者或捨財入節供者或捨財入放生者或
捨財入布施者或捨身施大衆者或燒指供
養三寶者或聞講啓求出家者昔如來化導
獲悟不同故法眼無生根性非一上並與其人
同發大願別見願文小臣陪侍講筵謹立今序

凡立義六科及答問一帙含錄十三

第一日（十二月二十六日） 發般若經題 六人論義

中寺僧懷

治城寺法喜

大僧正靈根寺慧令

龍光寺僧綽

外國僧僧伽陁婆

宣武寺慧巨

都講枳園寺法彪唱曰摩訶般若波羅蜜經

制曰蔓蒨云談何容易在乎至理彌不可說雖鑿兩端終慙四答夫實智不動至理無言湛然莫測超介獨遠照盡空界不運其明用窮有境不施其功無住住以之住無得得以之得百福殊相同入無生万善異流俱會平等故能導群盲而竝驅方六舟而俱濟成菩提之妙果入涅槃之玄門三明不能窺其機七辯不能宣其實大聖世尊不違本誓以方便力接引衆生於無名相寄名相說使訪道

者識塗令問津者知歸所以於王舍城大師子吼說摩訶般若波羅蜜經此經亦名爲大品經古舊相傳有五時般若窮檢經論未見其說唯有仁王般若題列卷後具有其文第一佛在王舍城說大品般若第二佛在舍衛國祇洹林中說金剛般若第三佛在舍衛國祇洹林說天王般若第四佛在王舍城說光讚般若第五佛在王舍城說仁王般若其云金剛般若有八卷淮南唯有校量功德一品即其本名金剛般若卷後題云佛五時說般若此是初時說此土未有第二時說兩記相反難得承用大智論言般若部黨有多有少

止云光讚放光道行舉此三經不列五時此土有光讚放光道行三經放光即是大品光讚道行與放光無殊正以詳略爲異光讚起序品至散華品凡二十七品大夲至散華有二十九品光讚闕無二品道行初起三段盡後囑累凡有三十品依大本除前六品猶應有八十四品道行闕無五十四品光讚道行與大品事義無異爲是出經者辭有文質是爲在天竺時已分爲三部前汪大品亦開爲五别隨文析理非爲異處僧叡小品序云斯經正文凡有四種是佛異時適化廣略之説其文多者十万偈少者六百

偈此之大品乃是天竺中品但言四種不説
五時前謂僧叡小品序即是七卷般若隨從
舊聞致成差漏不遠而復庶無秪悔僧叡所
言小品即是道行般若何以知然以三事驗
故知其然一道行般若尾末亦自題爲小品
二七卷有二十九品道行文有三十品僧叡
序三十品者不序二十九品者三僧叡序上
讚道行二字其文言玄章雖三十冠之者道
言雖十万倍之者行行凝然無生道足然後
補處以是義故知道行經即是小品大品之
名是道安法師出經後事道安云昔在漢陰
十有五載講放光經歲常再遍尒時猶未名

爲大品前來小品後至小品有三十章大品
有九十章多少不同以相形待小大之名所
以得生復有人言佛説五時教第一時在鹿
野苑轉四諦法輪乃至第五時於雙樹間轉
大般涅槃云大品經是第二時教淨名思益
是第三時教法華經是第四時教是義不然
釋論言須菩提聞法華經中説聲聞人皆當
作佛是故今問爲畢定不畢定是則聞法華
在前説大品在後以是因緣不得言大品經
是第二時説又如二夜經中説佛從得道夜
至涅槃夜是兩中間所説經教一切皆實不
顛倒以是義知從尼連禪河邊初得道日乃

至娑羅林中入涅槃夜常説般若波羅蜜中
本起經云如來始成道優陁耶還淨飯王問
今者獨處思憶何事優陁耶答云世尊唯空
若樂非眞淨飯王言災矣悉達一切皆有如
何言無反矣悉達與人爲雠此是始成道時
説般若波羅蜜高貴德王經言菩薩修行方
等大般涅槃不聞布施不見布施乃至不聞
大涅槃不見大涅槃知見法界解了實相空
無所有第九功德經言菩薩修大涅槃於一
切法悉無所見若有見者不見佛性不能修
習般若波羅蜜不得入於大般涅槃乃至廣
説以如是因緣故當知初成道日乃至涅槃

夜常說般若波羅蜜經般若波羅蜜是諸佛母三世如來皆由是生無相大法非可戲論豈得限以次第局以五時根性不同宜聞非一亦復不但止有五時往年今莊嚴僧旻法師與諸學士共相研覈檢其根性應所宜聞凡有三百八十人是則時教甚爲衆多一人出世多人得利益豈容止爲一根性人次第五時轉大法輪所言摩訶般若波羅蜜經者經題立名凡有三意一以人二以法三人法雙舉辨意思益是以人名經法華涅槃是以法名經淨名勝鬘是人法雙舉此經立名以法名經離法無人離人無法云何得言此經以法

爲名般若是實法人是假名此是人家之法
非法家之人猶如道諦是法寶攝是故此經
得受法名摩訶般若波羅蜜此是天竺音經
是此土語外國名爲修多羅此言法本具含
五義一出生二涌泉三顯示四繩墨五結鬘
訓釋經字亦有三義一乆二通三由乆者名
不變滅是名爲乆三世不遷即是常義通者
理無擁滯是名爲通一切無礙即是道義由
者出生衆善是名爲由万行軌轍即是法義
以經字代修多羅者修多羅名通經名別修
多羅名所以通者凡聖共有所以爲通經名
別者此土聖人所説名之爲經所以爲別以

經字代修多羅欲令聞者即得信解摩訶此
言大般若此言智慧波羅此言彼岸蜜此言
度又云到具語翻譯云大智慧度言彼岸度
者蓋是國語不同此以爲非彼以爲是此以
爲是彼以爲非隨俗之説更無異義此中有
四意一稱德二出體三辨用四明宗大是稱
德智慧是出體度是辨用彼岸是明宗此中
復有二意一者法説二者譬説大者是法説
彼岸是譬説即以彼岸譬於涅槃云何是大
義空是大義涅槃十八空云言大空者謂般
若波羅蜜空此經言色大故般若大不待小
空名爲大空大若定大不名爲大無德而稱

是爲大義云何智慧義能知諸法實相是智
義能照諸法無生是慧義若有照有得不名智慧
無照無得而本圓寂是智慧義云何爲度義生死
是此岸涅槃是彼岸煩惱爲中流以第一度
濟於四流以是因緣名之爲度度若定度不
名爲度無去無來是名度義又云到者以無
生慧能證涅槃未到云到是體性能到故名
爲到不見因有能到不見果有所到是名到
義云何是彼岸義生死是此岸涅槃是彼岸
生死不異涅槃涅槃不異生死不行二法是
彼此岸義所以須菩提白佛言世尊菩薩摩
訶薩修般若波羅蜜當得薩婆若不佛言不

世尊不修般若波羅蜜當得薩婆若不佛言不世尊修不修當得薩婆若不佛言不世尊非修非不修當得薩婆若不佛言不世尊若不尒云何當得薩婆若佛言菩薩摩訶薩得薩婆若如相須菩提又問言世尊菩薩不以二法不以不二法云何當得一切種智佛言無所得即是得以是得得無所得又佛言色即薩婆若乃至一切種智即薩婆若色如相乃至一切種智如相皆是一相無二無別以是義故名般若波羅蜜若能離著取緣忘懷求理如響受聲如幻聽法斯眞可謂般若波羅蜜矣止誦初章更無異識義乖傳燈心

非受水豈能宣金口於慧殿散甘露於香城
潤良田之種子發菩提之萌芽譬坳堂之水
隨百川而入巨海猶蟭螟之目因千日而窺
大明豈知其涯岸之所止洎寧見照燭之所
近遠憑藉大衆宿植德本仰承如來慈善根
力儻有疑難冀能酬答餘有問答一十二卷
訪本未獲故其文蓋闕

主上垂爲開講日叅承　并勑答

臣綱言伏承輿駕臨同泰寺開金字般若波
羅蜜經題照迷生之慧日導出世之長源百
華同陰万流歸海幽顯讚揚率土含潤臣身
礙巳來望舒盈闕甘露普被人天俱萃波旨

魔事獨在微躬馳係法輪私深尅責不任下情謹奉啓奉承謹啓

省啓具之爲汝講金字般若波羅蜜經發題始竟四衆雲合華夷畢集連雨累日深慮廢事景物開明幽顯同慶實相之中本無去來身雖不到心靡不在善自調養慎勿牽勞尚有兩旬日數猶賒今雖不同後會未晚也吾始還臺不復多勑越勑

廣弘明集卷第十九　亦

虬渠幽反　翾飛上兄緣反細飛蟲也　鶩音務馳也　颷必苗反風吹也　晷音軌日也　覆簣上方復反傾卜也下求位反土籠也論語云譬如平地雖覆一簣進

吾進也此謂誘其始也徇物上詞閏反從也邈行上眉角反遠也草礫
下音曆瓦|投骸下戶哀反形|馴音旬狎也虎兕上虎字下詞姊反野
牛也寶琛下丑林反玉也春鮪下于軌反魚名耿介上耕字上聲下或作
豸||烈也忡怛上丑弓反下丁達反|卜謹懼之負探虛上土含反淹
邑盐反|遲也暨其器反及也舛俗上昌軟反差也黜華上丑律反鼓
枻下余世反檝棹也聳轡上息勇反下音秘馬銜也炫日上音縣彪
炳上彼休反下音丙文彩明白||煥音喚明也縑圖上音兼絹也秉牘
上音丙|執也下音讀簡|也篆籀上直轉反下直右反|周宣王史官名也製大
篆秦李斯改籀文爲小篆魏鍾繇改小篆爲隸書舛則上昌軟反衺枎字攸
適上音由所也撤網上直列反除也同鑣下必苗反並馬也鑣馬銜旁鐵也
綺樹下音謝無樹曰臺有樹曰榭輿冕上音余車也下音免秄|蒼黔下巨
兼反蒼生也黔民庶也翱塗上吾高反或作翱飛|也褰騫去乹反虧也上

非下正冲念上直弓反丨玄邃私遂反深丨瓊笥下相寺反丨丨玉篋
也炫采上音縣光也搖滕下徒登反丨丨玉緘也上
郅下音底葐蒀上扶文反下紆去反丨丨盛皃昭晣下之舌反丨丨
明也或作晢音制文摛下丑知反舒也璿似宣反丨璣同前幄於角反同
前絢采上呼縣反文采皃肖天上音笑像也肅華下丰遂反肅恭
也萃集也丹逵下具追反芳藹下於蓋反清也夕惕下他的反鶩丨汾

隂上音焚洲名椒掖二字音焦亦皇宮也同前欷報音希或作款苦管反
邴音丙辟穀上必亦反休丨丨粮謂之丨丨餌朮上而至反食也下直律反藥名
衣麻上去聲草屩下音脚履也賀莫候反丨易也
道腴下羊朱反肥也或作映誤實痗下音妹病也忤俗上正作悟駔
馬上貼子朗反額合所儈賣市及也姓晉名令一儈足賣白皆履當一著足巾黑白履
說文曰駔馬磷良刃反語曰磨而不薄石也丨緇側思反黑色也丨摧其

上口角反擧也出槩下古愛反出壓境之謂也珪組二字音圭祖圭玉簡也組
綬也軾閭上音式車前横木也下力居反魏文侯入段干木之里閭去車軾以爲敬
之杼軸上直呂反機丨也矯然上居小反直也擧也確乎上苦
角反堅也緇林上側思反丨椔立死木也木也茷羊歲反草生名壅紆拱反積
土禦水也復滔下土刀反水大負鵠翻上胡谷反濠射上音毫膠
序上音交大學也璣璜機黃二音璣珠也璜璧也罿上尺容反捕鳥網也偕
翔上音皆俱也下音祥飛也畿畎上渠衣反王者千里內地也下俱犬反田上引
水渠也無躔下直連反路迹也援音園引也之趾下音止足丨也肥
遁上房非反下徒困反丨丨嘉隱也凌琚下音居景藂下而誰反翩
翩音篇元瑜下音俞抱璞下普角反王也林溆下音序水浦也卞
寶上皮變反投玉卞和也隋照上音隨丨丨隋侯之珠也寂寞下音莫
恬惔上徒添反下徒敢反丨丨安静也謐音蜜安也霾莫皆反風起塵曰丨

靈粤下吾各反丨正作崿譸得上竹由反虯渠幽反懋莫候反
纓褐上一盈反冠丨也下胡割反衣丨也寥想上夢字川阜下音婦小
土山也徇功上詞閏反繫表上胡計反川涘下音俟水際也賁然
上彼義反飾也巳標下必苗反正作標迻之上音移遷也欄戶上簷
字同諡法上音示庾詵上於主反下所巾反諡乎上音示作諡誤也
黔婁上巨兼反人名擁篲下之九反掃丨也魏教持篲掃曹綵門倏而見之

消澮上俱玄反下古外反丨丨細流也弭米尔反息也之遴下良刃反
逖他的反遠也縟音辱文彩負溥音普睟容上私遂反潤澤也霈
然上普貝反多澤也陘山上音形鸑鷟上音岳下助角反丨丨鳳鶵也
戰懾下之涉反黼扆上音甫下於豈反天子屛風以黑白文晝之曰
丨丨盱食上古旦反日高而食也秋萑下兄郭反草名熊湘上音雄
賈誼上古買反下音義唯幄下於角反馭六上音御所謂朽索不能制

駁六馬也出五千言也藁街上古老反街名虜音魯戎|戢阻澁反止也貂

璫彫當平二音日昃下音側嗜鮑上音視慾也鮑魚也塵黷下音

讀逗藥上音豆苞桑上必交反易去其亡繫于苞桑此否卦九五爻義長

詞不繁具僅渠鎖反纔也福浹下子怗反洽也鑾蹕上郎官反|鸞也下

音必止行者也慺慺音樓謹敬負緝七入反頹俗上徒回反踳駮

上尺尹反下必角反雜也褊滯上必兔反窄也迺乃字迄許乙反至也阿

房下步忙反宮名秦始皇造也靈囿下音右苑|也翠巘下語偃反|岳

也丹雉下直旨反牆也淪漪下於宜反||水波也蟬冕下音免大

夫冠上有左蟬右貂委虵上烏為反下音移藪澤之神也紫衣朱冠警蹕景必

二音同前棨戟上音啓下丘逆反戈有鈎曰戟戟有幡曰棨亟論上去記反

作函非操持上七刀反渙然上音喚會髻上俱會反下音鷄鄮

縣上莫候反剜體上烏官反班賫下郎代反賜也菲素上方尾反||

菜食也裁庇上今用纔下必二反丨膾歲撤下直列反除也撓海上呼
高反雜沓下唐合反睛霽下子細反雨止也淑氣上音熟和也埃
塵上音衰犍椎上音軋下直追反絓轂上音畫礙也迫迮伯責
二音氛氳上扶分反下紆云反鏗鏘上苦耕反下七羊反丨丨金玉聲藻
抃下皮變反舞也井甃下側瘦反亶他罕反厚也綸紱下音弗組綎也
擿丑知反翠縑下音兼繒絹也翊音翼輔丨龍袞下古本反玄衣也
輟御上知劣反止也捷疾上才葉反騁丑領反象輠隻畢二音釋義
同前衢樽下音尊溢霤下力救反簷丨錐立上質追反針丨昂吾剛
反于闐下田殿二音葆戈上音保下古和反丨丨聚鳥羽爲之令旌纛是
膜拜上莫胡反胡禮拜也誌音志汾陽上音焚麈尾上音主丨丨拂
錫杖上先擊反綰揳上烏板反丨結也下興結反丨繫也炳音丙明也炫
燿縣曜二音石腋下音亦觀矚下音燭視也纂錄上子管反

諸諏上工慈反問政事也下子侯反
黷如上烏減反黑貟
弛氣上式旨反去離也
鑽仰上子官反
喁喁愚恭反衆口也
饔食上紆恭反||廚官也
浣衣上玄伴反洗也
土篕下音軌器名也
被襲下音習
日旰下古旦反
蔑如上莫結反無也
大酺下音蒲君德廣而大飲酒也
監督下音爲察也
課率上苦和反
黍稷鼠即二音五穀惣名
鼎俎頂阻二音鼎釜也組肉砧也
大辟下毗益反死刑曰||
重辜上去聲下音姑罪也
湲媛下音院
汲黷上音急烏減反
宥重上音右赦|也
貸他代反償也
殫盡音丹盡也
綽昌約反
法彪下彼休反
蔓蒨上音万下七見反
叡羊歲反
旻音閩
研覈上宜牽反下閑華反
勝鬘下莫班反
坳堂上烏交反地不平也
蟭螟蕉冥二音細蟲也
止泊下音薄

廣弘明集　第二十

四百七十七

亦十

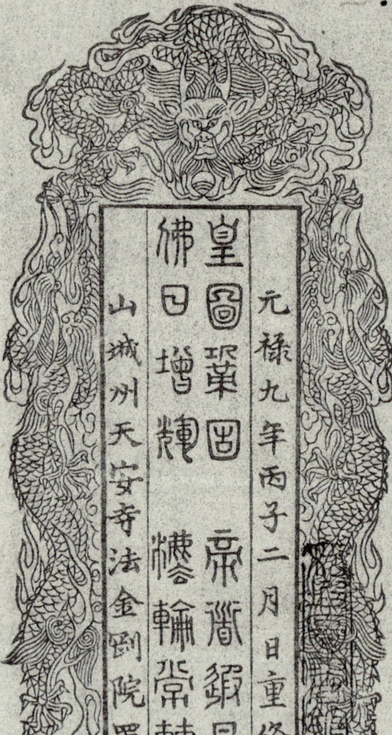
元祿九年丙子二月日重脩
皇圖鞏固　帝道遐昌
佛日增輝　法輪常轉
山城州天安寺法金剛院置

廣弘明集卷第二十　亦

大唐西明寺釋道宣撰

法義篇第四之三

上大法頌并荅表　梁皇太子綱
上太子玄圃講頌并啓荅　梁晉安王綱
涅槃經疏序　梁武帝
法寶聯璧序　梁湘東王繹
成實論序　梁簡文帝
內典碑銘集林序　梁元帝
禪林妙記集序二首　唐釋玄則奉詔撰
法苑珠林序　司元大夫李儼撰

上大法頌表　皇太子綱

臣綱言臣聞至理隆而德音闡成功臻而頌聲作在乎奚斯考甫神雀嘉樹或止事乎區中慶昭乎一物猶且手舞足蹈傳式方來況迺道出百非義高三代而可閣筆韜詞詠歌不作者也伏惟

陛下天上天下妙覺之理獨圓三千大千無緣之慈普被慧舟匪隔法力無垠躬紆尊極降宣至理澤雨無偏心田受潤是以九圍共溺並識歸涯萬國均夢一日俱曉佛法之勝事國家之至美瞽之上古未有斯盛雅頌之作不可闕也謹

上大法頌一首曹丕從征之賦劉坦遊侍

之談曾無連類伏兼悚恧不勝喜悦之誠
謹遣狀詔鍾超寶奉表獻頌以聞臣綱
謹啓
皇帝問太子省表并見所製大法頌詞義兼
美覽以欣然

大法頌 并序　皇太子臣綱上

皇帝以湛然法身不捨本誓神力示現降應
兹土龍顔日角參漏重瞳衡表連珠文爲玉
斗自納麓開基天地之德已布封唐啓跡日
月之照先明百揆之序方舜九河之導均禹
尚弘事殷之禮且屈在田之則自五昴朝飛
告赤文之瑞其雨七日受緑色之符神器有

歸鼎運斯集焦門猒棄德之君鮪水發白旄之陣然後受皇天之睠命當四海之樂推豈假祀蚩尤於沛庭託河氷於王覇干時鳳鳳（梵音）裂序蒼蒼舛度乃選五石以補之坤軸傾斜積氷發坼乃緯九藪而正之陰兎兩重陽烏三足乃定王業以暉之攝提乖方孟陬失紀乃置清臺而辨之維冠冕於巳頹綴珩珮於既毀自憑玉几握天鏡覆璿璣而端拱居巖廊而淵默於今三十有二載也是以天德一於上地數二於下復朗參辰不易日月兩曜如合璧五精如連珠禋宗類昊虞丘禮澤敬行五祀功被百神川岳程祥風煙効祉青

雲干呂黃氣出翼聽隃山之威鳳製大夏之
貞筠陽管叶春雌鍾應律上林之課匪踈相
府之占無謬奏六英於若水張咸池於洞庭
秉翟動和天之樂建華宣易俗之奏協律有
颯颯之序典樂致雍雍之節詩書乃陳緗縹
斯備蒲輪受伏生之誦科斗薦魯宅之文蒸
栗殺青玉牒石記塡委廣內暉煥麒麟冐台
命袞法河依岳建職樹司圖雲祥火高山容
與赤巘邐迆色麗文章暈研織鳥諫鼓高懸
芻言不棄肺石通窓書謗橋板草名指佞便
辟去朝猷稱觸罪姦回放黜是以龍翔鳳集
河瀌海夷露下若飴泉浮如醴桂薪不斧而

丹甑自熟玉轝詎牽而銀甕斯滿河光似冪
樹彩成車氤氳四照暉麗五色神明磊砢徵
祥布濩金鱗鐵面貢碧砮之賝航海梯山奉
白環之使戴日戴斗靡不來王太平太蒙無
思不服方叔邵虎之臣均聲應鼓之將秉龍
虎之秘韜握朱玄之異略受賑於廟堂之上
揚威於關塞之下出玉門而直指度金城而
奏策蕩蕩雜種之殘妖庄中原之塗炭北臨
地脉西出天渠昆夷罷患夙沙自服擭犬戎
之鹿懸密須之鼓藁街有受纓之虜諸水觀
受降之首四表無塵六合共貫皇德隆矣太
平之風淡乎無外矣天子内韜無生之至慧

外應體乾之弘跡將欲改權教示實道遣方
便之說導化城之迷乃端扆神居吁而言曰
若夫眇夢華胥怡然姑射服齊宮於玄扈想
至治於汾陽輕九鼎於褰裳視萬乘如脫屣
斯蓋示至公之要道未臻於出世也至於藏
金玉於川岫棄琴瑟乎大壑卑躬菲食茨堂
土階彤車非巧鹿裘靡飾斯蓋示物以儉亦
未階於出世也解網放禽穿泉掩胔起泣辜
之澤行扇暍之慈推讓之念有如不足納隍
之心無忘宿寤蓋所以示物以爲仁亦未階
乎出世也紫府青丘經山瀆水敦河上之道
文悅岐伯之章句甘泉啓太一之壇嵩山置

奉高之邑碣石刻羨門之誓不期作交門之
歌斯盖止愛久齡事在諸己篤而爲論彌有
未弘雖獲龍蓯之禪終墮長生之難徒階三
清之樂不祛八倒之境豈若燃智慧之炬照
生死之闇出五陰之聚升六度之舟浮衆德
之海踐不生之岸於是莊嚴國界建立道場
廣行利益開闡佛事駈彼衆生同濟仁壽引
兹具縛俱入大乘凡有傾心十方草靡如憑
津濟咸頼歸依曄乎若朝日之開衆華霈乎
若農夫之遇膏雨功德之翼已圓智慧之門
必備以爲般若經者方等大法峻極靡際深
邃無底籠萬善乎無相地九垓而無邊譬猶

枝川派別入大海而同味衆芳雜彩到須彌
而一色空空不著如如俱會不合不散無去
無來種覺可生允兹佛母羣典弗逮是号經
王乃欲震一音雨法雨示五眼引重昏昭曠
紀歲玄枵次星夾鍾應乎仲春甲申在乎吉
日將幸同泰大轉法輪兹寺者我皇之所建
立改大理之署成伽藍之所化鐵繩爲金沼
變鐵網爲香城照神光於熱沙起清涼於炎
火千櫨翽嶭百栱穹隆紅壁玄梁華榱玉砌
三階齊列四注周流上玉翼而捫天飛銀楹
而蔽景虹拖蜿垂承甍繞櫺蓮抽井倒冐宇
臨窻形形寶塔既等法華之座巍巍長表更

同意樂之國下鑿白銀之壍傍暉金薄之塼
高門洞啓不因銅馬之飾寶殿霞開無假鳳
凰之瑞金輪燭日妙臨淄之地下層臺累駕
邁宛委之空飛夏宇凝霜温室含燰雕樓之
内適動而響生洞扉之裏鷦歸而氣激幢号
摩尼幡懸金縷盤俓十丈鈴圍四斛舒七寶
之交枝沬八功之淨水地芝候月天華逆風
法鼓夜鳴聲中聞法瓊枝旦動葉裏成音妙
德陽之宫麗未央之闕故銅欄三丈追嗤井
幹玉樓十二遥恥神仙譬彼清涼之臺同符
蘭臺之寺忉利照園之東帝釋天城之北故
以辛壬癸甲綿蠻霮䨴吁哉其不可狀鏘鏘

旰旰瓌譎雜錯邈乎其不可名於是璧日揚
精景雲麗色薰風徐動淵露微垂後距也威
前茆警列武校星連鴻鍾吐響運天宮之法
駕啓天路之威神百靈扶持千乘雷動六亂
齊軿七斗垂暉雲罕乘空勾陳翼駕超光躡
景日被天迴金蓋玉轝豹服鼉鼓驖驪沃若
天馬半漢綠弓黃弩象飾魚文佽飛案節不
勞斬蛟之劒虎賁彼羽豈假鳴烏之射湛湛
奕奕轔轔赫赫出乎大通之門
天子降彫輦之貴行接足之禮頂拜金山歸
依月面如聞萬歲之聲若覩六變之動於是
乃披如來之衣登師子之座均百慮之紛捴

愍三請之懇懃啓眞慧之深宗明度彼之弘教二諦現空有之津二智包權實之底大乘豁其靡礙道心究其歸涯因果不攝不運而行眞俗莫求弗動斯到不以二法會乎中道盡佛淵海入佛法藏極修妬之妙典研龍宮之秘法宣娑婆之奧旨闡衆聖之微言正水既沾邪難自息慧日普照毒霜並消除黑闇於四生遣無明於三界巍巍乎若彌樓之在巨海穆穆乎譬衆星之繞圓月于時天龍八部側塞空界積衣成座散華至膝三千化穢土之質火宅有離苦之期惡道蒙休泥犁普息詵詵學侶濟濟名僧皆樂說如辯才智慧

如身子踰乎青目黑齒髙彼廣膝赤鬚咸符
寫瓶之恩並沾滌甕之施如金復冶似玉更
彫聞所未聞得未曾得鬱摇動色請益無勌
百司具列簪履相趍豐貂焜煌華綬苒蒻謂
舍衛之集大林之講無以過也將令一一佛
性逢了因而俱出一一佛土咸遣三而除三
比夫歌南風尚黃老臨辟雍講孔宅么麽安
足而語哉岠于三月甲辰法席圓滿如來放
大光明現希有事雄雄吐色珠火非儔曈曈
上映丹紫競發榮河耻其祥潤汾陰陋其膗
影掩入殿之紫雲奪鴻門之妙氣昔法華初
唱毫照普林般若聿宣通身盡笑王城之瑞

千載更逢豈非聖主同諸佛身降茲妙相等
諸佛力若符契焉猶秉淵默之謙虛弘懍焉
之至誠爲而不宰推而勿居以百姓之心爲
心非關諸已荷負無勸攝受四生皇太子旦
網視膳東廂親承大法以爲西巡東狩讚頌
以興柴山望祀詠歌斯作況頂開而受露鞠
躬而聞道敢述盛德之形容以爲頌曰
玉牒悠邈青史綿長道沿五勝風殊百王商
丘命瑱媯水開黃河澄待聖海謐期皇方天
譬地功歸有粲垂拱南面克已巖廊權輿敎
義製造衣裳九韶華響六樂改張儀鳳婉婉
擊石鏘鏘廣修璧水洞啓膠庠輕軺徵聘旌

帛搜揚蘭臺且富廣内斯藏芸香馥蘭緑字
摛章文功既被武跡斯彰題雕臆鏤舌紫支
黄南街請質北闕來王飛旌集翰勒跡書狼
銀車引附黒節招荒文同海截化普龍鄉西
踰月窟東漸扶桑畢宮類禹解網如湯衢室
納異明臺引良善旌弗卷諫鼓其鏜萬符集
祉百神啓祥黒丹吐潤朱草舒芳珠懷鏡像
星含喜光液池下鶴高梧集凰赤羆旦繞素
雉朝翔觀玉伯友訪道西王遊經建木巡指
盛唐終非運出豈曰津梁我有無礙共向圓
常玉鑾徐動金輪曉莊紫乱翼軼緑驥騰驤
虎文駐蹕龍驂啓行蘭干玉馬照曜天狼玄

旌映日翠鳳晞陽前飛格澤後擁陸梁風移霆掃參差焜煌峩峩寶座郁郁名香法徒學侶塵沙堵牆慈雲吐澤法雨垂涼三密不限四辯難量猶茲海寶譬彼山王慧流揔被藥木開芽佛日出世同遣惑霜帝釋歌詠幽祇讚揚空華競下天琴自張山含影色地入毫光非烟繞氣陸藕開房澤普三界恩均八方巍巍堂堂爲舟爲航伊臣稽首万壽無疆

上皇太子玄圃講頌啓　西中郎將晉安王綱啓竊以舜韶始唱靈儀自舞陳律纔暄風心競蓂輕禽短葉尚識音光沐善歡心寧忘撫抃伏惟

殿下體高玄賾養道春禁牢籠文圃漁獵義
河注意龍宮研心寶印雲聚生什之才並命
應王之疋探機析理怡然不倦朱華景月詎
此忘罷屬素蔵晩節玄英初氣霜竹浮陰風
梧散葉從容雅論實會神衷網輕生多幸屬
此休世踈躕奉渥得備盤蕃而黏蠅未拔迷
象不羈寶沒醉衣珠沉勇額得聞勝善寧忘
歌詠謹上玄圃講頌一首文慙綺發思闕
彫英徒懷舞蹈之心終愧清風之藻冒昧呈
聞追深赧汗謹啓
皇太子令荅
得書并所製講頌首尾可觀殊成佳作辭典

文艷旣温且雅豈直斐然有意可謂卓尒不群覽以迴環良同愈疫至於雙因八辯弥有法席之致銀草金雲殊得物色之美吾在原之意甚用欣懌遅面乃悉此不盡言統報

玄圃園講頌 并序　西中郎將晉安王綱上

竊以寶山峻極駘足未窺慧海遥波輕舟詎泛故以探沙亂妙類杵迷形百代同昏千年誰啓

皇上託應金輪均符玉鏡伭矜普習續照慈燈鶴樹還春龍泉更曉玄水躍祥丹陵瀉電功韜火化意覆雲名智慧之光猶初日照忍辱之力如明月珠天成地平遐肅迩睦澤徧

無底化行靡外滄河鏡淥碧海調風停瑞氣
於二辰汎祥烟於五節鱗羽被解羅之澤黎
元沐仁壽之慈於是正化潛通法輪常轉類
空境之傳虛猶懸河之寫潤儲君德彰妙象
體睿春瓊視膳閑晨遊心法犍捌管摛章旣
㛹娟錦縟清談論辯亦參差玉照夏啓悳德
周頌軼風乃於玄圃園栖聚息心之英並命
陳徐之士樞談永日講道終朝賓從無聲芳
香動氣七辯懸流雙因俱啓情遊彼岸理愜
祇園靈塔將涌天華乍落于時歲秋仲節麗
景妍晨氣冷金扉霜浮玉管茲園邃密獨華
勝地朱堂玉砌碧水銀沙鳥頡頏於瓊音樹

歲蕤於妙葉液水穿流蓬山寫狀風生月殿
日照槐烟綱叨籍殊寵陪奉麈末預入寶樓
竊窺妙簡亀興藻抃獨瑩心靈敢作頌曰
皇儀就日帝道昌雲化隆垂拱德曼鴻芬機
乗八解道照三墳巍巍蕩蕩万代一君 其一
重離照景玉潤舒華七淨標美三善稱嘉降
慈法雨普洽生芽漣漪義水照曜文花 其二
芳園靉靆天宮類寶析論冥空玄機入道密
宇浮清重閣相藻日暎金雲風摇銀草 其三
肎隨接武握寶靈珠皆抽四照並擬九衢顧
惟多鈇徒奉瑛瑜終如燕石更似齊竽 其四
為亮法師製涅槃經疏序　梁武帝

曰非言無以寄言言即無言之累累言則可以息言言息則諸見競起所以如來乘本願以託生現慈力以應化離文字以設教忘心相以通道欲使珉玉異價涇渭分流制六師而正四倒反八邪而歸一味折世智之角杜異人之口導求珠之心開觀象之目救燒灼於火宅拯沉溺於浪海故法雨降而燋種更榮慧日升而長夜夢曉發迦葉之悱憤吐眞實之誠言雖復二施等於前五大陳於後三十四問參差異辯方便勸引各隨意荅舉要論經不出兩途佛性開其本有之源涅槃明其歸極之宗非因非果不起不作義高万善

事絶百非空空不能測其眞際玄玄不能窮其妙門自非德均平等心合無生金牆玉室豈易入哉

梁簡文帝法寶聯壁序　湘東王繹

竊以觀乎天文日月所以貞麗觀乎人文藻火所以昭發況復玉毫朗照出天人之表金牒空解生文章之外雖境智冥焉言語斯絶詠歌作焉可略談矣粤乃書稱湯誥篇陳夢說昔則王畿居亳今則帝業維楊功施天下我之自出豈與姚墟石紐譙城温縣御龍居夏唐杜入周而已哉皇帝垂衣負扆辨方正位車書之所會同南暨交阯風雲之所沾被

西漸流沙武實止戈秉宜生之劒樂彰治定
減危犧之瑟相兼二八知微知章將稱四七
如猊如虎寧俟容成翠屋之遊廣成石室之
會故以宗心者忘相歸憑者常樂昔轉輪護
法南宮有金龍之瑞梵天請道東朝開寶蓋
之祥盡善盡美獨高皇代古者所以出師入
保冬羽秋禴實以周頌幼沖用資端士漢盈
末學取憑通議大傅之論孟侯小戴之談司
業山川珍異侯郊迎而可知帷幄後言藉墾
田而求驗以今方昔事則不然我副君業邁
宣尼道高啓筮之作聲超媯發寧假卞蘭之
頌譬衡華之峻極如渤澥之波瀾顯忠立孝

行修言道博施尚仁動微成務胥察彝雞爻
分封蟻爰初登仕明試以功德加三輔威行
九流董師虎據操鈹蟬冕津卿濟沉物仰平
分之恩沂岱功岷民思後來之政陳蒼留亙
裘之化淮海高壘幘之聲威漸黃支化行赤
谷南通舜王北平堯柳朝鮮航海夜郎欵塞
然後體道方震雨施雲行漢用戊申晉維庚
午增暉前曜獨擅元貞恩若春風惠如冬日
屨道為輿策賢成駟降意韋編留神緗帙許
商筭術王圍射譜南龜異說東驗雜賦任良
弈基羡門式法箴興琴劍銘自盤盂無不若
指諸掌尋經辨渭重以鳳艷風飛鸞文颺豎

纖者入無倫大者含元氣韻調律呂藻震玄
黄豈俟取讚彥先詢闡稚圭至於鹿園深義
龍宮奥說遠命學徒親登講肆詞爲憲章言
成楷式往復王粲事軼魏儲酬荅蔡謨道高晉
兩似懸鍾之應響猶衢罇之待酌率介者踵
武遜聽者風聲是使金堅秘法寶冥夕夢無
懷不滅華胥夜感自非建慧橋明智劒薰戒
香沐定水何以空積忽徵歷賢劫而終現黍
累迴幹蘊珠藏而方傳加以大秦之籍非符
八體康居之篆有異六爻二乘始闢譬馬傳
兎一體同歸棄犀崇象潤業滋多見思平積
本有疑遡了正相因雖談假績不攝單影即

此後心還蹤初焰俱宗出倒蓮華起乎淤泥並會集藏明珠曜於貧女性相常空般若無五時之説不生煩惱涅槃爲万德之宗無不酌其菁華撮其旨要採彼玳鱗拾茲翠羽潤珠隋水抵玉崐山每至鶴關旦啓黃綺之儔朝集魚燈夕朗陳吳之徒晚侍皆仰稟神規躬承睿旨爰錫嘉名謂之聯璧聯舍珠而可擬璧與日而方昇以今歲次攝提星在監德百法明門於茲揔備千金不刊獨高斯典合二百二十卷号曰法寶聯璧雖玉杯繁露若倚蒹葭金臺鑿楹似吞雲夢繹自伏櫪西河攝官南國十迴鳳琯一奉龍光筆削未勤徒

榮卜商之序曁古盛則文懃安國之製謹抄
纂爵位陳諸左方
使持節平西將軍荊州刺史湘東王繹年二
十七字世誠
侍中國子祭酒南蘭陵蕭子顯年四十八字景暢
散騎常侍御史中丞彭城劉溉年五十八字
茂灌
散騎常侍步兵校尉東宮侍南瑯瑘王脩年
四十二字彥遠
吳郡太守前中庶子南瑯瑘王規年四十三
字威明
都官尚書領右軍將軍彭城劉孺年五十五

字孝穉
太府卿步兵校尉河南褚球年六十三字仲寶
中軍長史前中庶子陳郡謝僑年四十五字
國美
中庶子彭城劉遵年四十七字孝陵
中庶子南瑯琊王穉年四十五字孺通
宣城王友前僕東海徐喈年四十二字彥邕
前御史中丞河南褚澐年六十字士洋
北中郎長史南蘭陵太守陳郡袁君正年四
十六字世忠
中散大夫金華宮家令吴郡陸襄年五十四
字師卿

中散大夫瑯琊王藉年五十五字文海
新安太守前家令東海徐摛年六十四字士續
前尚書左丞沛國劉顯年五十三字嗣芳
中書侍郎南蘭陵蕭幾年四十四字德玄
雲麾長史尋陽太守前僕京兆韋稜年五十
五字威直
前國子博士范陽張綰年四十三字孝卿
輕車長史南蘭陵蕭子範年四十九字景則
庶子吳郡陸罩年四十八字洞元
庶子南蘭陵蕭瑱年四十字文容
秘書丞前中舍人南瑯琊王許年二十五字
幼仁

宣城王文學南瑯琊王訓年二十五字懷範
洗馬權兼太舟卿彭城劉孝儀年四十九字
子儀
洗馬陳郡謝禧年二十六字休度
中軍録前洗馬彭城劉藴年三十三字懷芬
前洗馬吴郡張孝揔年四十二字孝揔
南徐州治中南蘭陵蕭子開年四十四字景發
平西中録事叅軍典書通事舍人南郡庾肩
吾年四十八字子慎
北中記室叅軍潁川庾仲容年五十七字仲容
宣惠記室叅軍南蘭陵蕭滂年三十二字希傳
舍人南蘭陵蕭清年二十七字元專

宣惠主簿前舍人陳郡謝嘏年二十五字茂範
尚書都官郎陳郡殷勸年三十字弘善
安北外兵參軍彭城劉孝威年三十九字孝威
前尚書殿中郎南蘭陵蕭愷年二十九字元才

莊嚴旻法師成實論義疏序

梁皇太子綱

夫事秉文辭理通氣象涉之者尚迷求之者或躓是以問玄經於楊子且云不習奏古樂於文侯猶稱則睡曆校清臺壽王之課不密氣現斗牛南昌之地或爽況乎慧門深邃入之者固希法海波瀾汎之者未易自使愛河濟混淆魔塵紛糺皎皎毒霜童童苦樹善田之

苗不吐意華之彩詎發無常之樓互起闇室
之火無暉是以餐蜜挫糟俱珍異論持牛卧
棘競起邪宗自佛日團空正流蕩垢手擘四
鉢始乎鹿園之教身卧雙林終於象喻之説
含生弗等開塞之義因機感受不同淺深之
言或異處處散説本應根緣有不次第各隨
群品金棺已掩旃檀之炭無追乳池且涸白
氎之灰斯盡迦葉入定歡喜智滅末地之報
已終優波之身且謝於是五部横流八乾起
執尋源既舛取著尤别四相乃無常之刀三
聚爲苦家之質習續不斷稱爲集諦無爲有
體分然可求等智能斷羅漢猶退豈啻千里

之外義起毫釐三豕之書謬符晉史北轅趍郢木未搴藁譬乎服子論丘利害不識膠柱鳴瑟燥濕無變自佛滅之後八百餘年中天竺國婆羅門子名訶梨跋摩梁云師子鎧四種圍陁在家必習三品慧藏入道彌通師事達磨沙門事均反啓於是歎微言之已絕傷頹風之不振抗言動論以朱紫爲先發意吐詞必涇渭由巳於是標揄領會商擢異端删夷浮詭捜聚貞實造百有二品以爲斯論成則據文實則明理舉成對壞稱實形虛欲令毗曇外道二途皆廢如來論主兩理兼興若夫龍樹馬鳴止筌大教栴延法勝縈縛小乘

兼而揔之無踰此說故華氏之王於茲頂戴
樓佉外道結舌無辭百流異出同歸一海萬
義區分揔乎成實豈止鼓腹涅槃旗靡轍亂
雞鳴眞諦喪精掩色多歷年所復寡英才粤
我大梁炎圖啓運
皇帝含天包地之德春生夏長之仁以本誓
願率化斯土梵輪常轉三寶現前甘露聿宣
四部無猒有莊嚴旻法師羽儀鸞鳳負揭光
景深以通志神以知來其跡同凡其源莫測
故以心包四忍行合三空慧比文殊玄如善
吉揔持均阿難之德樂說有富樓之功思媚
我皇起予正法宣弘此論大盛乎京師負笈

爭趍懷鉛來遠無勞冠軍之勢自傾衞客固
有華陰之德人歸成市擬儀含衞起邁泗洙
西闢自耻南宫不競湘宫寺智蒨筆扎之功
不殊法汰之報安石清辯之妙何止道林之
折子猷凡如千卷勤成一部法師大漸深相
付囑豈直田生之亡獨卧施讎之手馬公之
學方由鄭氏而東其義云

內典碑銘集序　梁元帝

夫法性空寂心行處斷感而遂通隨方引接
故鷲園善誘馬苑弘宣白林將謝青樹已列
是宣金牒方寄銀身自像教東流化行南國
吳生至誠歷七霄而光曜晉王畫像經五帝

而弥新次道孝伯嘉賓玄度斯數子者亦一
代名人或修理止於伽藍或歸心盡於談論
銘頌所稱興公而已夫披文相質博約温潤
吾聞斯語未見其人班固碩學尚云讚頌相
似陸機鉤深猶聞碑賦如一唯伯喈作銘林
宗無愧德祖能誦元常善書一時之盛莫得
係踵況般若玄淵眞如妙密觸言成累係境
非眞金石何書銘頌誰闡然建塔紀功招提
立寺或興造有由或誓願所記故鐫之玄石
傳諸不朽亦有息心應供是曰桑門或謂智
囊或稱印手高座擅名預師尹之席道林見
重陪飛龍之座峨眉廬阜之賢鄴中宛鄧之

哲昭哉史册可得而詳故碑文之興斯焉尚矣夫世代亟改論文之理非一時事推移屬詞之體或異但繁則傷弱率則恨省存華則失體從實則無味或引事雖博其意猶同或新意雖奇無所倚約或首尾倫帖事似牽課或復博涉體製不工能使豔而不華質而不野博而不繁省而不率文而有質約而能潤事隨意轉理逐言深所謂菁華無以間也予幼好彫蟲長而弥篤遊心釋典寓目詞林頃常搜聚有懷著述辭諸法海無讓波瀾亦等須弥歸同一色故不擇高卑唯能是與儻未詳悉隨而足之名為內典碑銘集林合三十

卷庶將來君子或禪觀見焉

叙佛緣起

禪林妙記前集序

京師西明寺釋玄則

一切諸佛皆有三身一者法身謂圓心所證二者報身謂萬善所感三者化身謂隨緣所現今釋迦牟尼佛者法身久證報身久成今之出現蓋化身耳謂於過去釋迦佛所發菩提心願同其号故今成佛亦号釋迦三無數劫修菩薩行一一劫中事無量佛中間續遇錠光如來以髮布泥金華奉上尋蒙授記得無生忍然一切佛將成佛時必經百劫修相

好業其釋迦發心在弥勒後當以逢遇弗沙
如來七日翹仰新新偈讚遂超九劫在前成
道將欲成時生兜率天号普明菩薩盡彼天
壽下閻浮提現乘白象入母右脅其母摩耶
夢懷白象梵仙占曰若夢日月當生國王若
夢白象必生聖子母從此後調靜安泰慈辯
曰異菩薩初生大地震動身紫金色三十二
相八十種好圓光一尋生已四方名行七步
爲降魔梵發誠實語天上天下唯我獨尊抱
入天祠天像悉起阿私陁仙合掌歎曰相好
明了必爲法王自恨當死不得見佛斯則淨
飯國王之太子也字悉達多祖号師子頰父

名淨飯母曰摩耶代代爲輪王姓瞿曇氏復因能事别姓釋迦朗悟自然藝術天備雖居五欲不受欲塵遊國四門見老病死及一沙門還入宫中深生猒離忽於夜半天神扶警遂騰寶馬踰城出家苦行六年知其非道便依正觀以取菩提時有牧牛女人煑乳作糜其沸高踊牧女驚異以奉菩薩菩薩食之氣力充實入河洗浴將登岸時樹自低枝引菩薩上菩薩從此受吉祥草坐菩提樹惡魔見已生瞋惱心云此人者欲空我界即率官屬十八億萬持諸苦具來怖菩薩促令急起受五欲樂又遣妙意天女三人來惑菩薩尒時入

勝意慈定生憐愍心魔軍自然墮落退散三妙天女化爲癭鬼降魔軍已於二月八日明相出時而成正覺既成佛已觀衆生根知其樂小未堪大法即趣波羅柰國度憍陳如等五人轉四諦法輪此則三寶出現之始也其後說法度人之數大集菩薩之會甚深無相之談神通示現之力經文具之矣又於一時昇忉利天九旬安居爲母說法時優闐國王及波斯匿王思慕佛德刻檀畫氎以寫佛形於後佛從忉利天下其所造像皆起避席佛摩其頂曰汝於未來善爲佛事佛像之興始於此矣化緣將畢時徒猒怠佛便告衆却後

三月吾當涅槃復記後事如經具說然如來實身常在不滅故法華云常在靈鷲山及餘諸住處令生滅者是佛化身爲欲汲引現同其類所以受生復欲令知有爲必遷所以示滅又衆生根熟所以現生衆生感盡所以現滅佛涅槃後人天供養起諸寶塔又大迦葉召千羅漢結集法藏阿難從鑠韻入誦出佛經一無遺漏如鉼寫水置之異器一百年外有鐵輪王字阿輸柯亦名阿育役御神鬼於一日中天上人間造八萬四千舍利寶塔其佛遺物衣鉢杖等及諸舍利神變非一逮漢明感夢金軀日佩丈六之容一如釋迦本狀

又吴主孫權燒椎舍利無所變壞爰及浮江石像汎海瑞容般若冥力觀音密驗别記具之事多不録

禪林妙記後集序

京師西明寺釋玄則

竊聞象分卮卦克讚神明之德訓啓箕疇載穆彛倫之叙自兹已降述者尤多莫不叶濬政而增輝仞金閨而聳價矧乎眞乘上智津萬有以興言秘藏圓音警百靈而暢旨燭迷均於麗景凊神比於甘露自非六瓔踐位四輪飛德豈能探賾至眞研機妙本是知茂於道者其教孔修昌於業者其文伊煥伏惟

皇帝陛下徇齊纂極聖敬凝旒十善楊仁化
柔蟠竁之表四等調俗風高胥燧之前猶且
峻玄範而摛詞藻常源而所鑒霈垂汗綍留
恩給園遂以匠物之餘親迂睿旨正名之末
特繕嘉題僧等荷鎔施之恩緘紹隆之澤爰
初肅召載惕中襟伏以
聖旨難晞玄津罕涉空思側管嗟混沌之未
開寔賴叫閽時象罔其如得蘭臺太史兼左
侍極應山縣開國侯某撰鑒弗疲閱覽無滯
乃相與搴惣林之英蕘纖耆山之迅羽搜八
藏之珠珍控三點之靈液用成一部勒爲十
卷較其精詣事絕稱言然以教海既中法門

猶廣雖要妙之旨已具前修而博贍之文総資别録竊以登荆山者思有獻於連城遊楚濵者願納貢於包匭況龍宮逸寶照爛於情田鹿苑遺芳芬葩於字葉苟懷貞藹孰忘薦奉加以成貨有循明規在屬方肆披簡則琳琅畢炫擬之區别則蘭菊自分有導斯來譬東瀛之決澮各歸所應類南籥之宫徵以義相屬凡建十草章分上下成二十卷經尋一千五百餘軸義列三百六十餘條所建十章輒成四例初二立眞俗之境次雙明染淨之由中四坦修證之塗後兩垂汲引之軌相次爲叙各録多目俾大義粲然至言罔墜瞬于開

之例敞俊百隧之兼儲同夫曉宿編珠誠不
倫而磊落春叢綴藻諒非工而彬布寔由玄
覽深契故使奥旨冥歸伊其不紊抑有憑矣
然則一毛可以知鳳彩故所録未多雙飛不
足磬凫洲故餘美難極既限金口之誨良無
玉屑之識其間剖削毫芒斟酌去取恐貽謬
於千里每加審於三復粤以龍朔三年五月
十七日首奉　綸言迄今麟德元年五月
四日前後二部汗青畢具前則簡而能暢後
則博而無雜庶可以震釋網之宏綱揔法門
之要鍵開息心之勝躅備多聞之靈囿伏願
醍醐上味永沃神衷般若明珠長輝睿握斯

文不墜眞宗與日月俱懸兹福無疆寶祚將
穹壤齊固云尒
禪林妙記後集揔目凡十章
一眞性　二假縁　三流染　四即淨
五觀門　六行法　七乗位　八極果
九教力　十化功
右一一章管多法聚
法苑珠林序
朝議大夫行中臺司元大夫隴西
李儼字仲思撰
洎夫六爻爰起八卦成列肇有書契昭乎訓
典鳳篆龍圖金簡玉字百家異轍万卷分區

雖理究精微言殫物範而紀情括性未出於
寰中原始要終詎該於俗外而有藏史之說
園吏之談寶經浮誕錦籍紆恠同鏤氷而無
成若書空而匪實與夫貫華妙旨寫貝葉玄
詞二乘之宏博八藏之沉秘競以淺深較其
優劣亦猶蟻垤之小比峻於嵩華牛涔之微
爭長於江漢夫其顯了之義隱密之規解脫
之門惣持之苑前際後際並契眞如初心末
心咸歸正覺導迷生於慾海情塵共心垢同
消引窮子於慈室衣寶與髻珠雙至化溢恒
沙之境功被微塵之劫大哉至矣不可得而
稱焉洎偕雨徵周佩日通漢蔡愔西涉竺蘭

東遊金口之詞寶臺之旨盈縑積籀被乎中域而卷軸繁夥條流深曠實相眞源卒難詳覽暨我

皇唐造物聖上君臨玄教聿宣緇徒允合傳輝寫液照潤區宇梵響誦音唱咽都甸弘宣之盛指喻難極屬有西明大德道世法師者字玄惲釋門之領袖也幼嶷聚砂落飾綵衣之歲慈般接蟻資成具受之壇戒品圓明與呑珠而等護律義精曉隨照鏡而同欣愛慕大乘洞明實相爰以英博召居西明遂以五部餘閑三藏遍覽以為古今綿代製作多人雖雅趣佳詞無足於傳記所以搴文囿之菁

華嗅大義之瞻蔔以類編錄号曰法苑珠林揔一百篇勒成十帙義豐文約紐虞氏之博要跡宣道鏡晞祐上之弘明其言以美其道斯著舉至賾而無遺包妙門而必盡粤以大唐麟德三年歳在攝提律維沽洗五月十日纂集斯畢庶使緝玄詞者探卷而得意珠軌正道者披文而歆甘露繹之以知微觀之而覩奥與環景而齊照將璇穹而共久

廣弘明集卷第二十　亦

繹音亦 韜韣上音叨藏也 無垠下音銀丨涯也 悚恧上息勇反下尼六反丨丨慙也 重瞳下音同舜目有雙珠 納麓下音鹿 百揆下衢癸反

百官也尚書云丨丨之首五昴下音卯星名鮪水上爲水反鳳鳳集自
蚰音楚舛度上昌軟反老也緯音謂九藪下音叟丨澤也攝提歲在
寅日丨丨孟陬下子侯反正作娵丨訾星名也珩珮上戶庚反下蒲眛反玉珮
也璿璣旋機二音同前叅辰上音叅二星名裡音因祀也昊胡道反天
名祉音耻福也干呂春雲于夏也呂四月律名隃山上羊朱反貞筠
下音勺竹也秉翟下徒的反渢渢扶風反弘大也緗縹上息羊反淺黃

色也下疋小反青白色也丨丨經袂之謂也騏驎其隣二音袞古本反赤
瀸音弗同前逶迤上烏爲反下音移鼍研上音暉五彩皆蕭日丨肺
石上芳吠反倭下奴定反便僻上平聲下毗亦反河濂下力撿反小水
貞又勒兼反薄也飴下余之反餳糖也如醴下音禮甘泉也丹甑下字
孕反范丹壄齕也王皋下音高冪音覔繒絲所覆之貞磊硌上魯每反
下音落丨丨大石也今取分明貞布濩下音護廣潤也碧砮下乃古反石也

賝丑林反|賣反均鼙下步芳反馬上鼓也受脤下時忍反祭之餘肉又云
社肉也擭紆陌反挐|藁街上古考反同前虜音魯戎|受降下戶
江反之酋下自由反或作囚淡平上子怗反端扆下於豈反同前華
胥下息徐反姑射下音夜山名玄扈下音戶皇帝石室名汾陽上音焚
褰裳上去乾反川岫下音袖山|也大壑下呼各反茨堂上疾咨反
茅室也彤車上徒冬反赤也掩齘下丰賜反骸骨也扇暍音謁熱也

陘山上音形碣石上渠列反巃嵸上魯孔反下子孔反山皃也今取其
龕義曄乎上于輒反亦作曅明也霈乎上普蓋反深邃下思遂反九
垓下古哀反隄限也泒別上廷賣反分流也昭暘下音陽歲在癸日|
|玄枵下許嬌反在丑日||吴地星名也千櫨卜音盧桂頭枅也巘
嶭上才結反下魚列反高皃穹隆上丘弓反||高也花榱下所追反屋角
也迾列字捫天上音門|摩也銀榼下音盈桂也虹拖上音紅蜆

丨也下音他丨曳也蜿垂上紆元反龍屈貟也甍莫耕反飛簷也繞櫺下力
殺反簷丨也彤彤徒冬反壍七獻反坑丨臨淄下側思反鷦歸
上子消反閫苦本反門縣也銅欄下簷字追蚩下尺之反井幹下音
寒井欄也黮䨴上徒感反下徒對反丨丨雲晴貟上正作霮鏘旰上七羊反
下古旦反威儀整貟瓌譎上古回反下音決鼉鼓上音陁龜之屬皮可以冐
鼓驖驪上音鐵下音離丨丨黑赤色也虎賁下音奔勇也古有虎賁郎謂如
虎之犇轔轔力進反詵詵所臻反佽音吹連也弢羽
討刀反弓衣也簪履上側參反焜煌上古本反下音黃明也苒蒻
染若二音柔軟貟辟雍上必亦反下紆容反天子敎化之宮幺麼上於堯反
下靡可反丨丨小小也岠乎音巨熊熊正作雄雄瞳瞳音同日明也
咲笑上古體字下正懍焉上力錦反謹敬貟勸倦字東狩下音獸巡
丨悠敻上音由下休詠反丨丨遠也命瑱他甸反以王充耳詩云王之瑱

也姬水上居之反海謐下民必反靜也寧也婉婉紆阮反美也鏘
七羊反膠序上音交｜大學也輕軺下市昭反小車也聘疋併反朝
間也擒章上丑知反臆鏤下音陋其鏜下音湯鼓聲也液池上音
亦赤羆下音碑熊之類素雉下直旨反野鷄也玉鑾下郎官反｜車
紫虬下巨幽反似龍無角翼軑下音犬車輪也緑驥下居異反馬也騰
驤下息羊反馬首也駐趩下音必與蹕同龍驂下七含反駕傍馬也瞦

陽上許之反熱也霆掃上音廷雷｜也郁於六反堵墻上音覩開
芸下音云草端也陸藕下五口反陸地開房謂陸藕生花也萼吾各反花｜也
撫抃下皮變反正作拼擊手也玄賾下助隅反幽深也跗音夫黏蠅
上俗作粘羈居宜反繫也斐然上芳尾反文章貞欣懌下音亦說也
駘足上音臺｜｜鈍馬也探沙上土含反取也法犍下音件拒門具擲
管上尼厄反擒章上丑知反㛹娟上蒲連反下紆玄反縟音辱文彩貞

恧尼六反慙也愜苦怗反伏也頡頏上戶結反下何朗反丨丨上下不定

之皃葳蕤上音威下而誰反草木美皃鳬音扶曼莫官反及也連猗

下於宜反丨丨水波也並合從水⿰黑愛⿰黑逮愛代二音雲狀也正作靉靆掞詩焰

反舒也瑛瑜英俞二音玉名燕石上音煙齊竽下音于笙丨也丨丨

濫吹也珉玉上音閩美石也涇渭經謂二音水名杜異上徒戶反塞也

悱憒上芳尾反口丨丨而言也下旁粉反心丨丨而怒也粵乃上音越詞端也

居亳下音薄池名譙墟上自搖反下丘居反地名貧扆下於豈反同前

暨其器反及也交阯下音止庖羲上步交反下興宜反同前如貔

下音毗豹之别也秋籥下音藥草名椎幄下於角反墾田上音懇耕

丨姬發上居之反丨丨周代也渤澥上蒲没反下胡賣反海也爻分

上戶交反操鈹上七刀反下音披沂岱上魚依反下音代並州名岷音閩

州名堯枊五浪反又五郎反柱也東駞下音陁作貤誤羨門延面反針

誠也盤盂下音于夏皐帝作丨丨銘二十六篇猋豎上必苗反正作颷尒雅曰
扶搖曰颷彥魚箭反稚王上直利反軼徒結反車相過也一音逸踵
武上之勇反丨丨繼步也逖徒的反遠也闢毗益反開也棄犀上弃
字下音西丨牛也凝邈上魚陵反下眉角反菁華上音精丨丨美也玳
鱗上音代丨琄也抵玉上音指不刊下苦寒反丨刻也玉杯下音
盂蒹葭兼加二音草名也鑿楹昨盈二音雕柱也伏櫪下音曆

鳳琯下音管古以玉為笛稽古上音鷄抄纂下子管反濊苦愛反
鵷而注反孝穉下直利反褚球上丑呂反下音求僑音橋喈音皆
彥邕上魚箭反下紆容反澐音云摛丑知反繢玄對反沛國上普
貝反雲麾下許為反稜郎登反綰烏管反罩竹敎反瑱他殿反
洗馬上先典反東宮官庚於主反滂延忙反蝦古馬反愷口改
反躓音致礙也混淆上胡本反下戶交反丨丨雜也挫糟上則卧反酒

音鶴枯丨外昌歎反巻丨啻施智反不丨猶多也三豕下式旨反北轅
下音園搴蕖上去乹反捜取也下音渠荷花也頽風上徒回反不耨
下奴豆反標揄下音俞引也商搉下音角舉也刪夷上所間反樓
佉下丘迦反負揭下丘列反櫓丨負笈下其業反書篋也泗洙四殊
二音水名也夫子訓童之處智倩下千見反伯喈下音皆鐫之上子
全反丨刻也盧阜下音婦山也裨音卑助也錠光上音定亦云燈糜

密碑反粥也癭鬼上一領反項下氣病輸柯上式朱反下音歌阿輸柯亦云
阿育箕疇上居之反下直流反彝倫上音夷常也璿政上似宜反丨璣
矧乎上式忍反況也徇齊上詞閏反纂極上子管反凝旒上魚陵反
下音流蟠竁上音盤下昌歲反地穴也盤古之後巢氏之前人皆蟠屈於究而居
也胥燧上息余反下音遂赫胥燧人上古帝王霈垂上普盖反汗綍
下音弗迂委于反曲也睿旨上羊歲反聖也惕他的反悚丨寔刺

下亦作剌七賜反司閽下音昏守門者也騫去乹反英蕚下吾各反
花丨繳音酌以絲纏箭而射較音教一音角比丨也苞匭上必交反下俱水反
匣也芬葩下伯麻反花也貞藹下烏盖反貸他代反琳琅林郎二音
王名也東瀛下音盈海也泱澮上古法反下古會反南籥下音藥笛
也宮徵展里切宮音所生⿰矢余音麗附著也粲然上七寨反瞹音愛
或誤作瞬例敞下昌兩反二字或誤作例㪍㑥昌尒反太也百隧下音
遂道也磊落上魯每反彬布上彼巾反文彩帛隩旨上烏到反正作
奧丨深也紊音問亂也鳧洲上音扶剞削上居綺反偏引刻也下思約反
毫芒上胡高反下音亡貽謬上余之反下苗幼反宏綱上惠萌反大也
鍵音件開丨躅直欲反跡也靈囿下音右菀丨也神衷下音中正作宸
衷穹壤上丘弓反天也下汝兩反地也殫音丹盡也寰中上音還鏤
氷上音陋蟻垤下徒結反蟻子封土曰丨牛涔下助參反牛跡也蔡

愔下於今反積籀直又切纂丨也繁騣下音禍多也緇徒上正

師反玄惲下紆粉反幼嶷下魚力反幼而有識曰丨搴去乾反瞻葍

上之廉反下蒲比反賾助隔反幽深也沽洗下先典反三月律名緝七入反續

也繹音亦解也璇穹上似宣反下丘弓反丨丨天也